U0452952

法律法规大字实用版系列

中华人民共和国民法典侵权责任编

·大字实用版·

法律出版社法规中心 编

图书在版编目(CIP)数据

中华人民共和国民法典侵权责任编：大字实用版／法律出版社法规中心编. -- 北京：法律出版社，2024
(法律法规大字实用版系列)
ISBN 978-7-5197-8976-3

Ⅰ.①中… Ⅱ.①法… Ⅲ.①侵权法-中国 Ⅳ.①D923.7

中国国家版本馆 CIP 数据核字(2024)第 065136 号

中华人民共和国民法典侵权责任编	法律出版社	责任编辑 李 群 王 睿
（大字实用版）	编	
ZHONGHUA RENMIN GONGHEGUO MINFADIAN	法规中心	装帧设计 臧晓飞
QINQUAN ZERENBIAN(DAZI SHIYONGBAN)		

出版发行 法律出版社	开本 A5
编辑统筹 法规出版分社	印张 4.75　　字数 109 千
责任校对 翁潇潇	版本 2024 年 10 月第 1 版
责任印制 耿润瑜	印次 2024 年 10 月第 1 次印刷
经　　销 新华书店	印刷 三河市兴达印务有限公司

地址：北京市丰台区莲花池西里 7 号(100073)
网址：www.lawpress.com.cn　　　　　　销售电话：010-83938349
投稿邮箱：info@lawpress.com.cn　　　　客服电话：010-83938350
举报盗版邮箱：jbwq@lawpress.com.cn　　咨询电话：010-63939796
版权所有·侵权必究

书号：ISBN 978-7-5197-8976-3　　　　　定价：20.00 元

凡购买本社图书，如有印装错误，我社负责退换。电话：010-83938349

编辑出版说明

"法者,天下之准绳也。"在法治社会,人们与其生活的社会发生的所有关系,莫不以法律为纽带和桥梁。人与人之间即是各种法律关系的总和。为帮助广大读者学法、知法、守法、用法,我们组织专业力量精心编写了"法律法规大字实用版系列"丛书。本丛书具有以下特点:

1. 专业。出版机构专业:成立于1954年的法律出版社,是全国首家法律专业出版机构,有专业的法律编辑队伍和标准的法律文本资源。内容专业:书中的名词解释、实用问答理据权威、精准专业;典型案例均来自最高人民法院、最高人民检察院发布的指导案例、典型案例以及地方法院发布的经典案例,在实践中起到指引法官"同案同判"的作用,具有很强的参考性。

2. 全面。全书以主体法为编写主线,在法条下辅之以条文主旨、名词解释、实用问答、典型案例,囊括了该条的专业理论阐释和疑难实务问题,帮助读者全面构建该条的立体化知识体系。

3. 实用。实用问答模块以一问一答的方式解答实务中的疑难问题,读者可按图索骥获取解决实务问题的答案;典型案例模块精选与条文密切相关的经典案例,在书中呈现裁判要旨,读者可按需扫描案例二维码获取案例全文。

4. 易读。采用大字排版、双色印刷，易读不累，清晰疏朗，提升了阅读体验感；波浪线标注条文重点，帮助读者精准捕捉条文要义。

书中可能尚存讹误，不当之处，尚祈读者批评指正。

法律出版社法规中心

2024 年 10 月

目　录

中华人民共和国民法典（节录）

第七编　侵权责任

第一章　一般规定 ························· 002
 第一千一百六十四条　侵权责任编调整范围 ········· 002
 第一千一百六十五条　过错责任与过错推定责任原则 ····· 002
 第一千一百六十六条　无过错责任原则 ············ 003
 第一千一百六十七条　危及他人人身、财产安全的责
        任承担方式 ············ 004
 第一千一百六十八条　共同侵权 ················ 005
 第一千一百六十九条　教唆侵权、帮助侵权 ········· 006
 第一千一百七十条　共同危险行为 ··············· 008
 第一千一百七十一条　分别侵权承担连带责任 ······· 008
 第一千一百七十二条　分别侵权承担按份责任 ······· 010
 第一千一百七十三条　与有过错 ················ 011
 第一千一百七十四条　受害人故意 ··············· 012
 第一千一百七十五条　第三人过错 ··············· 013
 第一千一百七十六条　自甘风险 ················ 013

第一千一百七十七条	自力救济	015
第一千一百七十八条	优先适用特别规定	015

第二章 损害赔偿 …… 016

第一千一百七十九条	人身损害赔偿范围	016
第一千一百八十条	以相同数额确定死亡赔偿金	018
第一千一百八十一条	被侵权人死亡后请求权主体的确定	018
第一千一百八十二条	侵害他人人身权益造成财产损失的赔偿	019
第一千一百八十三条	精神损害赔偿	020
第一千一百八十四条	财产损失计算方式	022
第一千一百八十五条	侵害知识产权的惩罚性赔偿	023
第一千一百八十六条	公平责任原则	025
第一千一百八十七条	赔偿费用支付方式	026

第三章 责任主体的特殊规定 …… 028

第一千一百八十八条	监护人责任	028
第一千一百八十九条	委托监护责任	030
第一千一百九十条	丧失意识侵权责任	031
第一千一百九十一条	用人单位责任和劳务派遣单位、劳务用工单位责任	032
第一千一百九十二条	个人劳务关系中的侵权责任	034
第一千一百九十三条	承揽关系中的侵权责任	035
第一千一百九十四条	网络侵权责任	036
第一千一百九十五条	"通知与取下"制度	037
第一千一百九十六条	"反通知"制度	038
第一千一百九十七条	网络服务提供者的连带责任	038

第一千一百九十八条　安全保障义务人责任 …………… 040
　　第一千一百九十九条　教育机构对无民事行为能力人
　　　　　　　　　　　　受到人身损害的过错推定责任 …… 042
　　第一千二百条　教育机构对限制民事行为能力人受到
　　　　　　　　　人身损害的过错责任 ………………… 042
　　第一千二百零一条　在教育机构内第三人侵权时的责
　　　　　　　　　　　任分担 ……………………………… 044
第四章　产品责任 …………………………………………… 046
　　第一千二百零二条　产品生产者责任 ………………… 046
　　第一千二百零三条　被侵权人请求损害赔偿的途径和
　　　　　　　　　　　先行赔偿人追偿权 ………………… 047
　　第一千二百零四条　生产者和销售者对有过错第三人
　　　　　　　　　　　的追偿权 …………………………… 050
　　第一千二百零五条　危及他人人身、财产安全的责任
　　　　　　　　　　　承担方式 …………………………… 051
　　第一千二百零六条　流通后发现有缺陷的补救措施和
　　　　　　　　　　　侵权责任 …………………………… 051
　　第一千二百零七条　产品责任惩罚性赔偿 …………… 053
第五章　机动车交通事故责任 ……………………………… 055
　　第一千二百零八条　机动车交通事故责任的法律适用 … 055
　　第一千二百零九条　机动车所有人、管理人与使用人
　　　　　　　　　　　不一致时的侵权责任 ……………… 056
　　第一千二百一十条　转让并交付但未办理登记的机动
　　　　　　　　　　　车侵权责任 ………………………… 057
　　第一千二百一十一条　挂靠机动车侵权责任 ………… 058
　　第一千二百一十二条　未经允许驾驶他人机动车侵权

          责任 ················· 058
 第一千二百一十三条 交通事故责任承担主体赔偿顺序······ 059
 第一千二百一十四条 拼装车或报废车侵权责任 ········· 060
 第一千二百一十五条 盗窃、抢劫或抢夺机动车侵权责任······ 062
 第一千二百一十六条 肇事后逃逸责任及受害人救济 ······ 063
 第一千二百一十七条 好意同乘的责任承担 ··········· 064

第六章 医疗损害责任 ································ 066

 第一千二百一十八条 医疗损害责任归责原则 ·········· 066
 第一千二百一十九条 医务人员说明义务和患者知情
          同意权 ··············· 068
 第一千二百二十条 紧急情况下实施医疗措施 ··········· 068
 第一千二百二十一条 医务人员过错诊疗的赔偿责任 ······ 069
 第一千二百二十二条 推定医疗机构有过错的情形 ······· 069
 第一千二百二十三条 因药品、消毒产品、医疗器械
          的缺陷，或者输入不合格血液
          的侵权责任 ············· 070
 第一千二百二十四条 医疗机构免责情形 ············ 071
 第一千二百二十五条 医疗机构对病历资料的义务、
          患者对病历资料的权利 ······· 072
 第一千二百二十六条 患者隐私和个人信息保护 ········ 073
 第一千二百二十七条 禁止违规实施不必要的检查 ······· 074
 第一千二百二十八条 维护医疗机构及其医务人员合
          法权益 ··············· 074

第七章 环境污染和生态破坏责任 ························· 075

 第一千二百二十九条 污染环境、破坏生态致损的侵
          权责任 ··············· 075

第一千二百三十条　环境污染、生态破坏侵权举证责任…… 077
第一千二百三十一条　两个以上侵权人的责任确定 ……… 077
第一千二百三十二条　环境污染、生态破坏侵权的惩
　　　　　　　　　　罚性赔偿 …………………………… 078
第一千二百三十三条　因第三人的过错污染环境、破
　　　　　　　　　　坏生态的侵权责任 ………………… 080
第一千二百三十四条　生态环境修复责任 ………………… 080
第一千二百三十五条　生态环境损害赔偿范围 …………… 081

第八章　高度危险责任 ……………………………………… 083

第一千二百三十六条　高度危险责任的一般规定 ………… 083
第一千二百三十七条　民用核设施或者核材料致害责任… 083
第一千二百三十八条　民用航空器致害责任 ……………… 084
第一千二百三十九条　高度危险物致害责任 ……………… 085
第一千二百四十条　　从事高空、高压、地下挖掘活动或
　　　　　　　　　　者使用高速轨道运输工具致害责任… 086
第一千二百四十一条　遗失、抛弃高度危险物致害责任… 086
第一千二百四十二条　非法占有高度危险物致害责任 …… 087
第一千二百四十三条　高度危险场所安全保障责任 ……… 087
第一千二百四十四条　高度危险责任赔偿限额 …………… 088

第九章　饲养动物损害责任 ………………………………… 090

第一千二百四十五条　饲养动物致害责任的一般规定 …… 090
第一千二百四十六条　违反规定未对动物采取安全措
　　　　　　　　　　施致害责任 ………………………… 091
第一千二百四十七条　禁止饲养的危险动物致害责任 …… 091
第一千二百四十八条　动物园的动物致害责任 …………… 092
第一千二百四十九条　遗弃、逃逸的动物致害责任 ……… 093

第一千二百五十条　因第三人的过错致使动物致害责任 …… 093
第一千二百五十一条　饲养动物应履行的义务 …… 093

第十章　建筑物和物件损害责任 …… 094

第一千二百五十二条　建筑物、构筑物或者其他设施倒塌、塌陷致害责任 …… 094

第一千二百五十三条　建筑物、构筑物或者其他设施及其搁置物、悬挂物脱落、坠落致害责任 …… 096

第一千二百五十四条　从建筑物中抛掷物、坠落物致害责任 …… 096

第一千二百五十五条　堆放物倒塌、滚落或者滑落致害责任 …… 098

第一千二百五十六条　在公共道路上堆放、倾倒、遗撒妨碍通行的物品致害责任 …… 099

第一千二百五十七条　林木折断、倾倒或者果实坠落等致人损害的侵权责任 …… 100

第一千二百五十八条　公共场所或者道路上施工致害责任和窨井等地下设施致害责任 …… 101

附录

最高人民法院关于适用《中华人民共和国民法典》侵权责任编的解释（一）（2024.9.25） …… 103

最高人民法院关于审理生态环境侵权责任纠纷案件适用法律若干问题的解释（2023.8.14） …… 109

最高人民法院关于审理人身损害赔偿案件适用法律若干问题的解释（2022.4.24修正） …… 116

最高人民法院关于确定民事侵权精神损害赔偿责任若干问题的解释（2020.12.29修正） ……121

最高人民法院关于审理医疗损害责任纠纷案件适用法律若干问题的解释（2020.12.29修正） ……123

最高人民法院关于审理道路交通事故损害赔偿案件适用法律若干问题的解释（2020.12.29修正） ……130

最高人民法院关于审理食品安全民事纠纷案件适用法律若干问题的解释（一）（2020.12.8） ……136

中华人民共和国民法典（节录）

- 2020年5月28日第十三届全国人民代表大会第三次会议通过
- 2020年5月28日中华人民共和国主席令第45号公布
- 自2021年1月1日起施行

第七编 侵权责任

第一章 一般规定

◆ **第一千一百六十四条 侵权责任编调整范围***

本编调整因侵害民事权益产生的民事关系。

实用问答

违约责任问题受《民法典》侵权责任编调整吗？

答：违约责任问题不受侵权责任编调整。合同债权是一种民事权益，它原则上不属于《民法典》侵权责任编的保护范围。本条规定的"侵害民事权益"不涉及违约责任问题，违约责任问题由《民法典》合同编调整。

◆ **第一千一百六十五条 过错责任与过错推定责任原则**

行为人因过错侵害他人民事权益造成损害的，应当承担侵权责任。

依照法律规定推定行为人有过错，其不能证明自己没有过错的，应当承担侵权责任。

---

* 条文主旨为编者所加，全书同。

名词解释

过错责任，是指造成损害并不必然承担侵权责任，还要看行为人是否有过错，有过错有责任，无过错无责任。

典型案例

柳某诉张某莲、某物业公司健康权纠纷案①

要旨 与邻为善、邻里互助是中华民族优秀传统美德，是社会主义核心价值观在社会生活领域的重要体现。本案适用《民法典》侵权责任编的相关规定，严格审查行为与后果之间的因果关系，坚守法律底线，不因有人受伤而扩大赔偿主体范围，明确自愿为小区购买游乐设施的业主不承担赔偿责任。本案的裁判贯彻了社会主义核心价值观的要求，依法保护无过错方权益，为善行正名、为义举护航，就对与错、赔与不赔等是非问题予以明确回应，不让好人无端担责或受委屈，维护了人民群众心中的公平正义，表明了司法的态度和温度，弘扬了时代新风新貌。

◆ **第一千一百六十六条　无过错责任原则**

行为人造成他人民事权益损害，<u>不论行为人有无过错</u>，法律规定应当承担侵权责任的，依照其规定。

---

① 参见《最高人民法院发布人民法院贯彻实施民法典典型案例（第二批）》之十四，载中国法院网 2023 年 1 月 12 日，https：//www.chinacourt.org/article/detail/2023/01/id/7100145.shtml。

实用问答

因污染环境造成他人损害，侵权人以排污符合国家污染物排放标准为由主张不承担责任的，人民法院是否支持？

答：根据《最高人民法院关于审理生态环境侵权责任纠纷案件适用法律若干问题的解释》第4条第1款的规定，污染环境、破坏生态造成他人损害，行为人不论有无过错，都应当承担侵权责任。侵权人以排污符合国家或者地方污染物排放标准为由主张不承担责任的，人民法院不予支持。

> ◆ **第一千一百六十七条　危及他人人身、财产安全的责任承担方式**
>
> 侵权行为危及他人人身、财产安全的，被侵权人有权请求侵权人承担停止侵害、排除妨碍、消除危险等侵权责任。

实用问答

1. 如何理解《民法典》第1167条中的"危及"？

答：理解《民法典》第1167条中的"危及"应注意三点：（1）侵权行为正在实施和持续而非已经结束。（2）侵权行为已经危及被侵权人的人身、财产安全而非不可能危及。（3）侵权行为系侵权人所为而非自然原因造成。

2. 著作权人或者与著作权有关的权利人有证据证明他人正在实施或者即将实施侵犯其权利、妨碍其实现权利的行为，可以采取哪些措施制止？

答：根据《著作权法》第56条的规定，著作权人或者与著作权有关的权利人有证据证明他人正在实施或者即将实施侵犯其权利、妨碍其实现权利的行为，如不及时制止将会使其合法权益受到难以弥补的损害的，可以在起诉前依法向人民法院申请采取财产保全、责令作出一定行为或者禁止作出一定行为等措施。

◆ **第一千一百六十八条　共同侵权**

二人以上共同实施侵权行为，造成他人损害的，应当承担连带责任。

名词解释

共同侵权，是指数人共同不法侵害他人权益造成损害的行为。

实用问答

1. 共同侵权和连带责任的适用范围是完全重合的吗？

答：在我国，共同侵权和连带责任的适用范围并不完全重合，两者不是一一对应关系。根据《民法典》第178条第3款的规定，连带责任由法律规定或者当事人约定。

2. 旅游经营者准许他人挂靠其名下从事旅游业务，造成旅游者人身损害、财产损失的，是否应当承担连带责任？

答：根据《最高人民法院关于审理旅游纠纷案件适用法律若干问题的规定》第14条的规定，旅游经营者准许他人挂靠其名下从事旅游业务，造成旅游者人身损害、财产损失，旅游者依据《民法典》第1168条的规定请求旅游经营者与挂靠人承担连带责任的，人民法院应予支持。

3. 食品药品纠纷案件中，食品检验机构和食品认证机构需要承担责任的情况有哪些？

答：《最高人民法院关于审理食品药品纠纷案件适用法律若干问题的规定》第12条规定，食品检验机构故意出具虚假检验报告，造成消费者损害，消费者请求其承担连带责任的，人民法院应予支持；食品检验机构因过失出具不实检验报告，造成消费者损害，消费者请求其承担相应责任的，人民法院应予支持。第13条规定，食品认证机构故意出具虚假认证，造成消费者损害，消费者请求其承担连带责任的，人民法院应予支持；食品认证机构因过失出具不实认证，造成消费者损害，消费者请求其承担相应责任的，人民法院应予支持。

◆ **第一千一百六十九条　教唆侵权、帮助侵权**

教唆、帮助他人实施侵权行为的，应当与行为人承担连带责任。

教唆、帮助无民事行为能力人、限制民事行为能力人实施侵权行为的，应当承担侵权责任；该无民事行为能力人、限制民事行为能力人的监护人未尽到监护职责的，应当承担相应的责任。

名词解释

教唆行为，是指对他人进行开导、说服，或通过刺激、利诱、怂恿等方法使该他人从事侵权行为。

帮助行为，是指给予他人以帮助，如提供工具或者指导方法，以便该他人易于实施侵权行为。

实用问答

1. 教唆行为与帮助行为的区别是什么？

答：教唆行为与帮助行为的区别在于，教唆行为的特点是教唆人本人不亲自实施侵权行为，而是唆使他人产生侵权意图并实施侵权行为或危险行为；帮助行为可能并不对加害行为起决定性作用，只是对加害行为起促进作用。

2. 教唆、帮助无民事行为能力人、限制民事行为能力人实施侵权行为，教唆人、帮助人以其不知道且不应当知道行为人为无民事行为能力人、限制民事行为能力人为由，主张不承担侵权责任或者与行为人的监护人承担连带责任的，法院是否应予支持？

答：根据《最高人民法院关于适用〈中华人民共和国民法典〉侵权责任编的解释（一）》第11条的规定，教唆、帮助无民事行为能力人、限制民事行为能力人实施侵权行为，教唆人、帮助人以其不知道且不应当知道行为人为无民事行为能力人、限制民事行为能力人为由，主张不承担侵权责任或者与行为人的监护人承担连带责任的，人民法院不予支持。

3. 教唆、帮助无民事行为能力人、限制民事行为能力人实施侵权行为，教唆人、帮助人以及监护人应当如何承担侵权责任？

答：根据《最高人民法院关于适用〈中华人民共和国民法典〉侵权责任编的解释（一）》第12条的规定，教唆、帮助无民事行为能力人、限制民事行为能力人实施侵权行为，被侵权人合并请求教唆人、帮助人以及监护人承担侵权责任的，依照《民法典》第1169条第2款的规定，教唆人、帮助人承担侵权人应承担的全部责任；监护人在未尽到监护职责的范围内与教唆人、帮助人共同承担责任，但责任主体实际支付的赔偿费用总和不应超出被侵权人应受偿的损失数额。监护人先行支付赔偿费用后，就超过自己相应责任的部分向教唆人、帮助人追偿的，人民法院应予支持。

◆ **第一千一百七十条　共同危险行为**

二人以上实施危及他人人身、财产安全的行为，其中一人或者数人的行为造成他人损害，能够确定具体侵权人的，由侵权人承担责任；不能确定具体侵权人的，行为人承担连带责任。

名词解释

共同危险行为，是指数人实施的行为均有造成他人损害的危险性，并且造成了实际损害，但不能确定谁是真正加害人，因而依法应当承担连带赔偿责任的侵权行为。

实用问答

构成共同危险行为应当满足哪些要件？

答：共同危险行为的构成要件为：（1）二人以上实施危及他人人身、财产安全的行为。（2）其中一人或者数人的行为造成他人损害。（3）不能确定具体加害人。

◆ **第一千一百七十一条　分别侵权承担连带责任**

二人以上分别实施侵权行为造成同一损害，每个人的侵权行为都足以造成全部损害的，行为人承担连带责任。

名词解释

同一损害，是指数个侵权行为所造成的损害的性质是相同的，都是身体伤害或者财产损失，并且损害内容具有关联性。

实用问答

如何理解"二人以上分别实施侵权行为造成同一损害"中的"分别"？

答："分别"是指实施侵权行为的数个行为人之间不具有主观上的关联性，各个侵权行为都是相互独立的。每个行为人在实施侵权行为之前以及实施侵权行为过程中，与其他行为人没有意思联络，也没有意识到还有其他人也在实施类似的侵权行为，这就是所谓的"无意思联络"。

典型案例

稳健股份公司诉苏州稳健公司、某包装公司、滑某侵害商标权及不正当竞争纠纷案[①]

要旨 本案是人民法院依法保护企业字号和商标权益，服务保障疫情防控和经济社会发展的典型案例。本案中，稳健股份公司是知名医用卫生材料生产企业，商标及企业字号在业内知名度较高。侵权人故意以该字号为名称注册企业，生产销售口罩产品，有组织、有分工地实施严重

---

① 参见《最高人民法院发布人民法院贯彻实施民法典典型案例（第二批）》之十五，载中国法院网 2023 年 1 月 12 日，https：//www.chinacourt.org/article/detail/2023/01/id/7100145.shtml。

的商标侵权及不正当竞争行为。对此，审理法院判决通过适用惩罚性赔偿、加大赔偿力度、认定共同侵权、责令停止使用字号等方式予以严厉惩治，有力保护了权利人的知识产权和相关权利，诠释了人民法院全面加强知识产权司法保护、维护公平竞争秩序的基本理念，实现了政治效果、法律效果和社会效果有机统一。

◆ 第一千一百七十二条　分别侵权承担按份责任

二人以上分别实施侵权行为造成同一损害，能够确定责任大小的，各自承担相应的责任；难以确定责任大小的，平均承担责任。

实用问答

1. 多辆机动车发生交通事故造成第三人损害，当事人请求多个侵权人承担赔偿责任的，人民法院应当如何确定侵权人的责任？

答：根据《最高人民法院关于审理道路交通事故损害赔偿案件适用法律若干问题的解释》第 10 条的规定，多辆机动车发生交通事故造成第三人损害，当事人请求多个侵权人承担赔偿责任的，人民法院应当区分不同情况，依照《民法典》第 1170 条、第 1171 条、第 1172 条的规定，确定侵权人承担连带责任或者按份责任。

2. 两艘或者两艘以上船舶泄漏油类造成油污损害，各泄漏油船舶所有人应当如何承担赔偿责任？

答：根据《最高人民法院关于审理船舶油污损害赔偿纠纷案件若干问题的规定》第 3 条的规定，两艘或者两艘以上船舶泄漏油类造成油污损害，受损害人请求各泄漏油船舶所有人承担赔偿责任，按照泄漏油数量及泄漏油类对环境的危害性等因素能够合理分开各自造成的损害,由各泄漏油船舶所有人分别承担责任;不能合理分开各自造成的损害,各泄漏油船舶所有人承担连带责任。但泄漏油船舶所有人依法免予承担责任的除外。

各泄漏油船舶所有人对受损害人承担连带责任的,相互之间根据各自责任大小确定相应的赔偿数额;难以确定责任大小的,平均承担赔偿责任。泄漏油船舶所有人支付超出自己应赔偿的数额,有权向其他泄漏油船舶所有人追偿。

◆ **第一千一百七十三条　与有过错**

> 被侵权人对同一损害的发生或者扩大有过错的,可以减轻侵权人的责任。

实用问答

机动车发生交通事故造成人身伤亡、财产损失的,保险公司在交强险责任限额范围内赔偿后,不足的部分应当如何确定赔偿责任?

答:根据《道路交通安全法》第76条第1款的规定,机动车发生交通事故造成人身伤亡、财产损失的,由保险公司在机动车第三者责任强制保险责任限额范围内予以赔偿;不足的部分,按照下列规定承担赔偿责任:(1)机动车之间发生交通事故的,由有过错的一方承担赔偿责任;双方都有过错的,按照各自过错的比例分担责任。(2)机动车与非机动车驾驶人、行人之间发生交通事故,非机动车驾驶人、行人没有过错的,由机动车一方承担赔偿责任;有证据证明非机动车驾驶人、行人有过错的,根据过错程度适当减轻机动车一方的赔偿责任;机动车一方没有过错的,承担不超过10%的赔偿责任。

典型案例

荣某英诉王某、永诚财产保险股份有限公司江阴支公司机动车交通事故责任纠纷案[①]

要旨 交通事故的受害人没有过错,其体质状况对损害后果的影响不属于可以减轻侵权人责任的法定情形。

◆ **第一千一百七十四条 受害人故意**

损害是因受害人故意造成的,行为人不承担责任。

实用问答

1. 怎样理解受害人故意造成损害?

答:受害人故意造成损害,是指受害人明知自己的行为会发生损害自己的后果,而希望或者放任此种结果的发生。受害人故意分为直接故意和间接故意。直接故意是指受害人从主观上追求损害自己的结果发生;间接故意是指受害人已经预见到自己的行为可能发生损害自己的结果,但也不停止该行为,而是放任损害结果的发生。

2. 损失是由非机动车驾驶人、行人故意碰撞机动车造成的交通事故,机动车一方是否承担赔偿责任?

答:根据《道路交通安全法》第76条第2款的规定,交通事故

[①] 参见最高人民法院指导案例24号(2014年)。

的损失是由非机动车驾驶人、行人故意碰撞机动车造成的，机动车一方不承担赔偿责任。

◆ **第一千一百七十五条　第三人过错**

损害是因第三人造成的，第三人应当承担侵权责任。

实用问答

因用户或者第三人的过错给电力企业或者其他用户造成损害的，应当由谁承担赔偿责任？

答： 根据《电力法》第60条第3款的规定，因用户或者第三人的过错给电力企业或者其他用户造成损害的，该用户或者第三人应当依法承担赔偿责任。

◆ **第一千一百七十六条　自甘风险**

自愿参加具有一定风险的文体活动，因其他参加者的行为受到损害的，受害人不得请求其他参加者承担侵权责任；但是，其他参加者对损害的发生有故意或者重大过失的除外。

活动组织者的责任适用本法第一千一百九十八条至第一千二百零一条的规定。

名词解释

自甘风险，又称自愿承受危险，是指受害人自愿承担可能发生的损害而将自己置于危险环境或场合。

实用问答

受害人自甘风险的构成要件是什么？

答：受害人自甘风险的要件包括：（1）受害人作出了自愿承受危险的意思表示，通常是将自己置于可能发生危险的状况之下；（2）这种潜在的危险不是法律、法规所禁止的，也不是社会公序良俗所反对的，且此种危险通常被社会所认可是存在或者难以避免的。

典型案例

某设备公司与某刀模公司等侵权责任纠纷案[①]

要旨 本案是明确体育赛事活动法律责任的典型案例。在比赛过程中发生的帆船碰撞事故，应当根据竞赛规则而非船舶避碰规则审查避碰义务。体育赛事竞技过程中产生的民事损害赔偿责任适用《民法典》第1176条规定的自甘风险规则。致害人违反竞赛规则造成损害并不必然承担赔偿责任，人民法院应当结合竞技项目的固有风险、竞赛实况、犯规动作意图、运动员技术等因素综合认定致害人对损害的发生是否有故意或者重大过失，进而确定致害人的民事责任。本案裁判对于人民法院积极发挥促进竞技体育发展作用、推动体育赛事活动规范有序发展、实现体育法弘扬中华体育精神及发展体育运动等立法目的，具有积极意义。

---

① 参见《最高人民法院发布八起涉体育纠纷民事典型案例》之四，载最高人民法院网 2023 年 6 月 21 日，https://www.court.gov.cn/zixun/xiangqing/404172.html。

◆ **第一千一百七十七条　自力救济**

合法权益受到侵害，情况紧迫且不能及时获得国家机关保护，不立即采取措施将使其合法权益受到难以弥补的损害的，受害人可以在保护自己合法权益的必要范围内采取扣留侵权人的财物等合理措施；但是，应当立即请求有关国家机关处理。

受害人采取的措施不当造成他人损害的，应当承担侵权责任。

实用问答

受害人可以实施自助行为的条件有哪些？

答：第一，前提条件是情况紧迫且不能及时获得国家机关保护；第二，必要条件是不立即采取措施将使其合法权益受到难以弥补的损害；第三，范围条件是在保护自己合法权益的必要范围内采取扣留侵权人的财物等合理措施。

◆ **第一千一百七十八条　优先适用特别规定**

本法和其他法律对不承担责任或者减轻责任的情形另有规定的，依照其规定。

第二章 损害赔偿

◆ **第一千一百七十九条 人身损害赔偿范围**

侵害他人造成人身损害的,应当赔偿医疗费、护理费、交通费、营养费、住院伙食补助费等为治疗和康复支出的合理费用,以及因误工减少的收入。造成残疾的,还应当赔偿辅助器具费和残疾赔偿金;造成死亡的,还应当赔偿丧葬费和死亡赔偿金。

名词解释

人身损害赔偿,是指行为人侵犯他人的生命健康权益造成伤害、残疾、死亡等后果的,应当承担金钱赔偿责任的一种民事法律救济制度。

实用问答

1. 人身损害赔偿中的医疗费的赔偿数额如何确定?

答:根据《最高人民法院关于审理人身损害赔偿案件适用法律若干问题的解释》第6条的规定,医疗费根据医疗机构出具的医药费、住院费等收款凭证,结合病历和诊断证明等相关证据确定。赔偿义务人对治疗的必要性和合理性有异议的,应当承担相应的举证责任。医疗费的赔偿数额,按照一审法庭辩论终结前实际发生的数额确定。器官功能恢复训练所必要的康复费、适当的整容费以及其他后续治疗费,赔偿权利人可以待实际发生后另行起诉。但根据医疗证明或者鉴定结论确定必然发生的费用,可以与已经发生的医疗费一并予以赔偿。

2. 人身损害赔偿中的误工费的赔偿数额如何确定？

答：根据《最高人民法院关于审理人身损害赔偿案件适用法律若干问题的解释》第 7 条的规定，误工费根据受害人的误工时间和收入状况确定。误工时间根据受害人接受治疗的医疗机构出具的证明确定。受害人因伤致残持续误工的，误工时间可以计算至定残日前一天。受害人有固定收入的，误工费按照实际减少的收入计算。受害人无固定收入的，按照其最近 3 年的平均收入计算；受害人不能举证证明其最近 3 年的平均收入状况的，可以参照受诉法院所在地相同或者相近行业上一年度职工的平均工资计算。

3. 人身损害赔偿中的护理费的赔偿数额如何确定？

答：根据《最高人民法院关于审理人身损害赔偿案件适用法律若干问题的解释》第 8 条的规定，护理费根据护理人员的收入状况和护理人数、护理期限确定。护理人员有收入的，参照误工费的规定计算；护理人员没有收入或者雇佣护工的，参照当地护工从事同等级别护理的劳务报酬标准计算。护理人员原则上为 1 人，但医疗机构或者鉴定机构有明确意见的，可以参照确定护理人员人数。护理期限应计算至受害人恢复生活自理能力时止。受害人因残疾不能恢复生活自理能力的，可以根据其年龄、健康状况等因素确定合理的护理期限，但最长不超过 20 年。受害人定残后的护理，应当根据其护理依赖程度并结合配制残疾辅助器具的情况确定护理级别。

4. 人身损害赔偿中的交通费的赔偿数额如何确定？

答：根据《最高人民法院关于审理人身损害赔偿案件适用法律若干问题的解释》第 9 条的规定，交通费根据受害人及其必要的陪护人员因就医或者转院治疗实际发生的费用计算。交通费应当以正式票据为凭；有关凭据应当与就医地点、时间、人数、次数相符合。

5. 人身损害赔偿中的住院伙食补助费的赔偿数额如何确定？

答：根据《最高人民法院关于审理人身损害赔偿案件适用法律若干问题的解释》第 10 条的规定，住院伙食补助费可以参照当地国家机关一般工作人员的出差伙食补助标准予以确定。受害人确有必要到外地治疗，因客观原因不能住院，受害人本人及其陪护人员实际发生的住宿费和伙食费，其合理部分应予赔偿。

6. 人身损害赔偿中的残疾赔偿金如何计算？

答：根据《最高人民法院关于审理人身损害赔偿案件适用法律若干问题的解释》第 12 条的规定，残疾赔偿金根据受害人丧失劳动能力程度或者伤残等级，按照受诉法院所在地上一年度城镇居民人均可支配收入标准，自定残之日起按 20 年计算。但 60 周岁以上的，年龄每增加 1 岁减少 1 年；75 周岁以上的，按 5 年计算。受害人因伤致残但实际收入没有减少，或者伤残等级较轻但造成职业妨害严重影响其劳动就业的，可以对残疾赔偿金作相应调整。

◆ **第一千一百八十条　以相同数额确定死亡赔偿金**

因同一侵权行为造成多人死亡的，可以以相同数额确定死亡赔偿金。

◆ **第一千一百八十一条　被侵权人死亡后请求权主体的确定**

被侵权人死亡的，其近亲属有权请求侵权人承担侵权责任。被侵权人为组织，该组织分立、合并的，承继权利的组织有权请求侵权人承担侵权责任。

被侵权人死亡的，支付被侵权人医疗费、丧葬费等合理费用的人有权请求侵权人赔偿费用，但是侵权人已经支付该费用的除外。

实用问答

被侵权人死亡的，谁有权请求侵权人承担侵权责任？

答：《民法典》第 1181 条第 1 款规定，被侵权人死亡的，其近亲属有权请求侵权人承担侵权责任。近亲属的范围根据《民法典》第 1045 条第 2 款的规定，包括配偶、父母、子女、兄弟姐妹、祖父母、外祖父母、孙子女、外孙子女。

◆ **第一千一百八十二条　侵害他人人身权益造成财产损失的赔偿**

侵害他人人身权益造成财产损失的，按照被侵权人因此受到的损失或者侵权人因此获得的利益赔偿；被侵权人因此受到的损失以及侵权人因此获得的利益难以确定，被侵权人和侵权人就赔偿数额协商不一致，向人民法院提起诉讼的，由人民法院根据实际情况确定赔偿数额。

实用问答

1. 非法使被监护人脱离监护，监护人的哪些请求可以得到人民法院的支持？

答：根据《最高人民法院关于适用〈中华人民共和国民法典〉侵权责任编的解释（一）》第 1 条的规定，非法使被监护人脱离监护，监护人请求赔偿为恢复监护状态而支出的合理费用等财产损失的，人民法院应予支持。

2. 非法使被监护人脱离监护，被监护人在脱离监护期间死亡，作为近亲属的监护人的哪些请求可以得到人民法院的支持？

答：根据《最高人民法院关于适用〈中华人民共和国民法典〉

侵权责任编的解释（一）》第 3 条的规定，非法使被监护人脱离监护，被监护人在脱离监护期间死亡，作为近亲属的监护人既请求赔偿人身损害，又请求赔偿监护关系受侵害产生的损失的，人民法院依法予以支持。

3. 自然人因人脸信息侵害造成财产损失的，可以申请赔偿吗？为制止侵权行为所支付的合理开支主要包括哪些？

答： 根据《最高人民法院关于审理使用人脸识别技术处理个人信息相关民事案件适用法律若干问题的规定》第 8 条的规定，信息处理者处理人脸信息侵害自然人人格权益造成财产损失，该自然人依据《民法典》第 1182 条主张财产损害赔偿的，人民法院依法予以支持。自然人为制止侵权行为所支付的合理开支，可以认定为《民法典》第 1182 条规定的财产损失。合理开支包括该自然人或者委托代理人对侵权行为进行调查、取证的合理费用。人民法院根据当事人的请求和具体案情，可以将合理的律师费用计算在赔偿范围内。

◆ **第一千一百八十三条　精神损害赔偿**

侵害自然人人身权益造成<u>严重精神损害</u>的，被侵权人有权请求精神损害赔偿。

因故意或者重大过失侵害自然人具有<u>人身意义的特定物</u>造成<u>严重精神损害</u>的，被侵权人有权请求精神损害赔偿。

📝 **名词解释**

<u>精神损害赔偿</u>，是指受害人因人格利益或身份利益受到损害或者遭受精神痛苦而获得的金钱赔偿。

实用问答

1. 实践中,"具有人身意义的特定物"的范围主要涉及哪些物品类型?

答:"具有人身意义的特定物"的范围,在实践中主要涉及的物品类型为:(1)与近亲属死者相关的特定纪念物品,如遗像、墓碑、骨灰盒、遗物等;(2)与结婚礼仪相关的特定纪念物品,如录像、照片等;(3)与家族祖先相关的特定纪念物品,如祖坟、族谱、祠堂等。这些物品对被侵权人具有人身意义。

2. 非法使被监护人脱离监护,导致父母子女关系或者其他近亲属关系受到严重损害的,应当怎样认定法律责任?

答:根据《最高人民法院关于适用〈中华人民共和国民法典〉侵权责任编的解释(一)》第2条的规定,非法使被监护人脱离监护,导致父母子女关系或者其他近亲属关系受到严重损害的,应当认定为《民法典》第1183条第1款规定的严重精神损害。

3. 经营者有侮辱诽谤、搜查身体、侵犯人身自由等侵害消费者或者其他受害人人身权益的行为,给消费者造成严重精神损害的,受害人可以要求精神损害赔偿吗?

答:根据《消费者权益保护法》第51条的规定,经营者有侮辱诽谤、搜查身体、侵犯人身自由等侵害消费者或者其他受害人人身权益的行为,造成严重精神损害的,受害人可以要求精神损害赔偿。

4. 精神损害赔偿数额应当根据哪些因素确定?

答:根据《最高人民法院关于确定民事侵权精神损害赔偿责任若干问题的解释》第5条的规定,精神损害的赔偿数额根据以下因素确定:(1)侵权人的过错程度,但是法律另有规定的除外;(2)侵权行为的目的、方式、场合等具体情节;(3)侵权行为所造成的后果；(4) 侵权人的获利情况；(5) 侵权人承担责任的经济能力；(6) 受理诉讼法院所在地的平均生活水平。

> ◆ **第一千一百八十四条　财产损失计算方式**
>
> 侵害他人财产的，财产损失按照损失发生时的市场价格或者其他合理方式计算。

实用问答

1. 财产权益具体包括哪些？

答：财产权益是民事权益的重要组成部分，包括物权、知识产权、股权和其他投资性权利、网络虚拟财产等具有财产性质的权益。

2. 侵犯他人财产，按照错误执行行为发生时的市场价格不足以弥补受害人损失的，可以采用哪些方式计算损失？

答：根据《最高人民法院关于审理涉执行司法赔偿案件适用法律若干问题的解释》第15条的规定，侵犯公民、法人和其他组织的财产权，按照错误执行行为发生时的市场价格不足以弥补受害人损失或者该价格无法确定的，可以采用下列方式计算损失：(1) 按照错误执行行为发生时的市场价格计算财产损失并支付利息，利息计算期间从错误执行行为实施之日起至赔偿决定作出之日止；(2) 错误执行行为发生时的市场价格无法确定，或者因时间跨度长、市场价格波动大等因素按照错误执行行为发生时的市场价格计算显失公平的，可以参照赔偿决定作出时同类财产市场价格计算；(3) 其他合理方式。

◆ **第一千一百八十五条　侵害知识产权的惩罚性赔偿**

故意侵害他人知识产权，情节严重的，被侵权人有权请求相应的惩罚性赔偿。

名词解释

惩罚性赔偿，也称惩戒性赔偿，是侵权人给予被侵权人超过其实际受损害数额的一种金钱赔偿。

实用问答

1. 怎样确定侵犯著作权的惩罚性赔偿数额？

答：根据《著作权法》第54条第1款的规定，侵犯著作权或者与著作权有关的权利的，侵权人应当按照权利人因此受到的实际损失或者侵权人的违法所得给予赔偿；权利人的实际损失或者侵权人的违法所得难以计算的，可以参照该权利使用费给予赔偿。对故意侵犯著作权或者与著作权有关的权利，情节严重的，可以在按照上述方法确定数额的1倍以上5倍以下给予赔偿。

2. 怎样确定侵犯商标专用权的惩罚性赔偿数额？

答：根据《商标法》第63条第1款的规定，侵犯商标专用权的赔偿数额，按照权利人因被侵权所受到的实际损失确定；实际损失难以确定的，可以按照侵权人因侵权所获得的利益确定；权利人的损失或者侵权人获得的利益难以确定的，参照该商标许可使用费的倍数合理确定。对恶意侵犯商标专用权，情节严重的，可以在按照上述方法确定数额的1倍以上5倍以下确定赔偿数额。赔偿数额应当包括权利人为制止侵权行为所支付的合理开支。

3. 怎样确定侵犯专利权的惩罚性赔偿数额？

答： 根据《专利法》第71条第1款的规定，侵犯专利权的赔偿数额按照权利人因被侵权所受到的实际损失或者侵权人因侵权所获得的利益确定；权利人的损失或者侵权人获得的利益难以确定的，参照该专利许可使用费的倍数合理确定。对故意侵犯专利权，情节严重的，可以在按照上述方法确定数额的1倍以上5倍以下确定赔偿数额。

典型案例

广州天赐公司等与安徽纽曼公司等侵害技术秘密纠纷案[①]

要旨 该案系最高人民法院作出判决的首例知识产权侵权惩罚性赔偿案。该案判决充分考虑了被诉侵权人的主观恶意、以侵权为业、举证妨碍行为以及被诉侵权行为的持续时间、侵权规模等因素，适用了惩罚性赔偿，最终确定了法定的惩罚性赔偿最高倍数（五倍）的赔偿数额，明确传递了加强知识产权司法保护力度的强烈信号。

某种业科技有限公司诉某农业产业发展有限公司侵害植物新品种权纠纷案[②]

要旨 本案是适用《民法典》规定的惩罚性赔偿制度，打击种

[①] 参见《最高人民法院侵害知识产权民事案件适用惩罚性赔偿典型案例》之一，载中国法院网2021年3月15日，https://www.chinacourt.org/article/detail/2021/03/id/5868590.shtml。

[②] 参见《最高人民法院发布人民法院贯彻实施民法典典型案例（第一批）》之十二，载中国法院网2021年2月25日，https://www.chinacourt.org/article/detail/2022/02/id/6547882.shtml。

子套牌侵权、净化种业市场秩序的典型案件。《民法典》侵权责任编新增规定了知识产权侵权惩罚性赔偿制度，为各类知识产权纠纷适用惩罚性赔偿提供了一般规则，对于建设知识产权强国，保障经济社会高质量发展具有重要作用。本案中，审理法院秉持强化植物新品种权保护的司法理念，在侵权人拒不提供交易记录、相关账簿的情况下，依法适用举证妨碍制度，参考其宣传的交易额合理推定侵权获利达到100万元以上，并依法适用《民法典》及《种子法》规定的惩罚性赔偿制度，按照计算基数的2倍确定惩罚性赔偿金额为200万元，实际赔偿总额为基数的3倍。本案判决对于切实解决知识产权侵权维权难度大、赔偿数额低的问题，形成对恶意侵权行为的强有力威慑，彰显种业知识产权司法保护力度，具有积极示范作用。

◆ **第一千一百八十六条　公平责任原则**

受害人和行为人对损害的发生都没有过错的，依照法律的规定由双方分担损失。

实用问答

1. 公平分担损失的规定与过错责任的区别有哪些？

答：（1）过错责任原则以行为人的过错为承担责任的前提，而公平分担损失的行为人并没有过错。（2）承担过错责任以填补受害人全部损失为原则，公平分担损失只是根据实际情况适当给受害人以补偿。

2. 公平分担损失的规定与无过错责任的区别有哪些？

答：（1）无过错责任不问行为人是否有过错，其适用以法律的特殊规定为根据。也就是说，承担无过错责任，行为人可能有过错，也可能无过错。公平分担损失，行为人没有过错，也不属于法律规定的适用无过错责任的情形。（2）无过错责任适用于法律明确规定的几种情形，而公平分担损失只是原则规定适用条件，没有具体界定所适用的案件类型。（3）承担无过错责任，有的是填补受害人的全部损失，有的是法律规定了最高责任限额。公平分担损失只是分担损失的一部分，没有最高额限制。

> ◆ **第一千一百八十七条　赔偿费用支付方式**
>
> 损害发生后，当事人可以协商赔偿费用的支付方式。协商不一致的，赔偿费用应当一次性支付；一次性支付确有困难的，可以分期支付，但是被侵权人有权请求提供相应的担保。

实用问答

1. 当事人协商确定赔偿费用的支付方式时可以协商的内容包括什么？

答：当事人对赔偿费用支付方式的协商可以包括：是一次性支付还是分期支付；如果是分期支付，分几期、每次付多少、要不要考虑物价变化因素、要不要支付利息、利息如何计算等。

2. 侵权人分期支付赔偿费用应当具备什么条件？

答：分期支付应当具备两个条件：一是一次性支付确有困难。确有困难应当由侵权人举证证明，由人民法院作出判断。二是被侵权人有权请求提供相应的担保。该担保是应被侵权人请求提供的，可以是保证人提供的保证，也可以是侵权人以自己的财产抵押、质押。

3. 赔偿义务人请求以定期金方式给付残疾赔偿金、辅助器具费的，人民法院应当如何处理？

答：根据《最高人民法院关于审理人身损害赔偿案件适用法律若干问题的解释》第 20 条的规定，赔偿义务人请求以定期金方式给付残疾赔偿金、辅助器具费的，应当提供相应的担保。人民法院可以根据赔偿义务人的给付能力和提供担保的情况，确定以定期金方式给付相关费用，但是，一审法庭辩论终结前已经发生的费用、死亡赔偿金以及精神损害抚慰金，应当一次性给付。

第三章　责任主体的特殊规定

> ◆ **第一千一百八十八条　监护人责任**
>
> 无民事行为能力人、限制民事行为能力人造成他人损害的，由监护人承担侵权责任。监护人尽到监护职责的，可以减轻其侵权责任。
>
> 有财产的无民事行为能力人、限制民事行为能力人造成他人损害的，从本人财产中支付赔偿费用；不足部分，由监护人赔偿。

实用问答

1. 无民事行为能力人、限制民事行为能力人造成他人损害的，应当如何确定被告？

答：根据《最高人民法院关于适用〈中华人民共和国民法典〉侵权责任编的解释（一）》第 4 条的规定，无民事行为能力人、限制民事行为能力人造成他人损害，被侵权人请求监护人承担侵权责任，或者合并请求监护人和受托履行监护职责的人承担侵权责任的，人民法院应当将无民事行为能力人、限制民事行为能力人列为共同被告。

2. 无民事行为能力人、限制民事行为能力人造成他人损害，被侵权人是否可以请求监护人承担侵权人应承担的全部责任？赔偿费用应当怎样支付？

答：根据《最高人民法院关于适用〈中华人民共和国民法典〉

侵权责任编的解释（一）》第5条第1款、第3款的规定，无民事行为能力人、限制民事行为能力人造成他人损害，被侵权人请求监护人承担侵权人应承担的全部责任的，人民法院应予支持，并在判决中明确，赔偿费用可以先从被监护人财产中支付，不足部分由监护人支付。从被监护人财产中支付赔偿费用的，应当保留被监护人所必需的生活费和完成义务教育所必需的费用。

3. 行为人在侵权行为发生时不满18周岁，被诉时已满18周岁的，被侵权人是否可以请求原监护人承担侵权人应承担的全部责任？赔偿费用应当怎样支付？

答：根据《最高人民法院关于适用〈中华人民共和国民法典〉侵权责任编的解释（一）》第6条第1款的规定，行为人在侵权行为发生时不满18周岁，被诉时已满18周岁的，被侵权人请求原监护人承担侵权人应承担的全部责任的，人民法院应予支持，并在判决中明确，赔偿费用可以先从被监护人财产中支付，不足部分由监护人支付。

4. 行为人在侵权行为发生时不满18周岁，被诉时已满18周岁的，应当如何确定被告？

答：根据《最高人民法院关于适用〈中华人民共和国民法典〉侵权责任编的解释（一）》第6条第2款的规定，行为人在侵权行为发生时不满18周岁，被诉时已满18周岁，被侵权人仅起诉行为人的，人民法院应当向原告释明申请追加原监护人为共同被告。

5. 夫妻离婚后，其未成年子女造成他人损害的，应当如何承担侵权责任？

答：根据《最高人民法院关于适用〈中华人民共和国民法典〉侵权责任编的解释（一）》第8条的规定，夫妻离婚后，未成年子女造成他人损害，被侵权人请求离异夫妻共同承担侵权责任的，人民法院依照《民法典》第1068条、第1084条以及第1188条的规定予以支持。一方以未与该子女共同生活为由主张不承担或者少承担责任的，人民法院不予支持。

离异夫妻之间的责任份额，可以由双方协议确定；协议不成的，人民法院可以根据双方履行监护职责的约定和实际履行情况等确定。实际承担责任超过自己责任份额的一方向另一方追偿的，人民法院应予支持。

6. 未成年子女造成他人损害的，依照《民法典》第 1072 条第 2 款的规定未与该子女形成抚养教育关系的继父或者继母是否应当承担侵权责任？

答： 根据《最高人民法院关于适用〈中华人民共和国民法典〉侵权责任编的解释（一）》第 9 条的规定，未成年子女造成他人损害的，依照《民法典》第 1072 条第 2 款的规定，未与该子女形成抚养教育关系的继父或者继母不承担监护人的侵权责任，由该子女的生父母依照《最高人民法院关于适用〈中华人民共和国民法典〉侵权责任编的解释（一）》第 8 条的规定承担侵权责任。

◆ **第一千一百八十九条　委托监护责任**

无民事行为能力人、限制民事行为能力人造成他人损害，监护人将监护职责委托给他人的，监护人应当承担侵权责任；<u>受托人有过错的，承担相应的责任</u>。

📝 **名词解释**

委托监护，是指监护人委托他人代行监护的职责，是一种双方的民事法律行为，是被监护人的监护人与受托人之间关于受托人为委托人履行监护职责、处理监护事务的协议，须有监护人委托与受委托人接受委托的意思表示一致才能成立。

实用问答

1. 委托监护和意定监护相同吗？

答：委托监护不同于意定监护。意定监护是在监护领域对自愿原则的贯彻落实，是具有完全民事行为能力的成年人对自己将来的监护事务，按照自己的意愿事先所作的安排。

2. 无民事行为能力人、限制民事行为能力人造成他人损害，监护人和受托履行监护职责的人如何承担侵权责任？

答：根据《最高人民法院关于适用〈中华人民共和国民法典〉侵权责任编的解释（一）》第10条的规定，无民事行为能力人、限制民事行为能力人造成他人损害，被侵权人合并请求监护人和受托履行监护职责的人承担侵权责任的，依照《民法典》第1189条的规定，监护人承担侵权人应承担的全部责任；受托人在过错范围内与监护人共同承担责任，但责任主体实际支付的赔偿费用总和不应超出被侵权人应受偿的损失数额。监护人承担责任后向受托人追偿的，人民法院可以参照《民法典》第929条的规定处理。仅有一般过失的无偿受托人承担责任后向监护人追偿的，人民法院应予支持。

◆ 第一千一百九十条　丧失意识侵权责任

完全民事行为能力人对自己的行为暂时没有意识或者失去控制造成他人损害有过错的，应当承担侵权责任；没有过错的，根据行为人的经济状况对受害人适当补偿。

完全民事行为能力人因醉酒、滥用麻醉药品或者精神药品对自己的行为暂时没有意识或者失去控制造成他人损害的，应当承担侵权责任。

◆ **第一千一百九十一条　用人单位责任和劳务派遣单位、劳务用工单位责任**

用人单位的工作人员因执行工作任务造成他人损害的，由用人单位承担侵权责任。用人单位承担侵权责任后，可以向有故意或者重大过失的工作人员追偿。

劳务派遣期间，被派遣的工作人员因执行工作任务造成他人损害的，由接受劳务派遣的用工单位承担侵权责任；劳务派遣单位有过错的，承担相应的责任。

名词解释

劳务派遣，是指劳动派遣机构与员工签订劳务派遣合同后，将工作人员派遣到用工单位工作。

实用问答

1. "用人单位""工作人员"包括哪些？

答："用人单位"既包括企业、事业单位、国家机关、社会团体等，也包括个体经济组织等。"工作人员"既包括用人单位的正式员工，也包括在用人单位工作的临时员工。

2. 与用人单位形成劳动关系的工作人员、执行用人单位工作任务的其他人员，因执行工作任务造成他人损害的，侵权责任应当由谁承担？个体工商户的从业人员因执行工作任务造成他人损害的，侵权责任应当由谁承担？

答：根据《最高人民法院关于适用〈中华人民共和国民法典〉侵权责任编的解释（一）》第15条的规定，与用人单位形成劳动关系的工作人员、执行用人单位工作任务的其他人员，因执行工作任务造成他人损害，被侵权人依照《民法典》第1191条第1款的规定，请求用人单位承担侵权责任的，人民法院应予支持。

个体工商户的从业人员因执行工作任务造成他人损害的，适用《民法典》第1191条第1款的规定认定民事责任。

3. 劳务派遣期间，被派遣的工作人员因执行工作任务造成他人损害，劳务派遣单位与接受劳务派遣的用工单位应当如何承担侵权责任？

答：根据《最高人民法院关于适用〈中华人民共和国民法典〉侵权责任编的解释（一）》第16条的规定，劳务派遣期间，被派遣的工作人员因执行工作任务造成他人损害，被侵权人合并请求劳务派遣单位与接受劳务派遣的用工单位承担侵权责任的，依照《民法典》第1191条第2款的规定，接受劳务派遣的用工单位承担侵权人应承担的全部责任；劳务派遣单位在不当选派工作人员、未依法履行培训义务等过错范围内，与接受劳务派遣的用工单位共同承担责任，但责任主体实际支付的赔偿费用总和不应超出被侵权人应受偿的损失数额。

劳务派遣单位先行支付赔偿费用后，就超过自己相应责任的部分向接受劳务派遣的用工单位追偿的，人民法院应予支持，但双方另有约定的除外。

4. 工作人员在执行工作任务中实施的违法行为造成他人损害，构成自然人犯罪的，工作人员承担刑事责任的同时应当如何承担民事责任？

答：根据《最高人民法院关于适用〈中华人民共和国民法典〉侵权责任编的解释（一）》第17条的规定，工作人员在执行工作任务中实施的违法行为造成他人损害，构成自然人犯罪的，工作人员承担刑事责任不影响用人单位依法承担民事责任。依照《民法典》

第1191条的规定用人单位应当承担侵权责任的，在刑事案件中已完成的追缴、退赔可以在民事判决书中明确并扣减，也可以在执行程序中予以扣减。

> ◆ **第一千一百九十二条　个人劳务关系中的侵权责任**
>
> 　　个人之间形成劳务关系，提供劳务一方因劳务造成他人损害的，<u>由接受劳务一方承担侵权责任</u>。接受劳务一方承担侵权责任后，可以向<u>有故意或者重大过失的提供劳务一方追偿</u>。提供劳务一方因劳务受到损害的，根据双方<u>各自的过错承担相应的责任</u>。
>
> 　　提供劳务期间，因第三人的行为造成提供劳务一方损害的，<u>提供劳务一方有权请求第三人承担侵权责任，也有权请求接受劳务一方给予补偿</u>。接受劳务一方补偿后，可以向第三人追偿。

实用问答

1. 无偿提供劳务的帮工人，在从事帮工活动中致人损害的，被帮工人应当承担赔偿责任吗？

答：根据《最高人民法院关于审理人身损害赔偿案件适用法律若干问题的解释》第4条的规定，无偿提供劳务的帮工人，在从事帮工活动中致人损害的，被帮工人应当承担赔偿责任。被帮工人承担赔偿责任后向有故意或者重大过失的帮工人追偿的，人民法院应予支持。被帮工人明确拒绝帮工的，不承担赔偿责任。

2. 无偿提供劳务的帮工人因帮工活动遭受人身损害的，应当如何划分责任？

答：根据《最高人民法院关于审理人身损害赔偿案件适用法律若干问题的解释》第5条的规定，无偿提供劳务的帮工人因帮工活动遭受人身损害的，根据帮工人和被帮工人各自的过错承担相应的责任；被帮工人明确拒绝帮工的，被帮工人不承担赔偿责任，但可以在受益范围内予以适当补偿。帮工人在帮工活动中因第三人的行为遭受人身损害的，有权请求第三人承担赔偿责任，也有权请求被帮工人予以适当补偿。被帮工人补偿后，可以向第三人追偿。

◆ **第一千一百九十三条 承揽关系中的侵权责任**

承揽人在完成工作过程中造成第三人损害或者自己损害的，定作人不承担侵权责任。但是，定作人对定作、指示或者选任有过错的，应当承担相应的责任。

名词解释

承揽合同，是指承揽人按照定作人的要求完成工作，交付工作成果，定作人给付报酬的合同，承揽包括加工、定作、修理、复制、测试、检验等工作。

实用问答

承揽人在完成工作过程中造成第三人损害的，定作人、承揽人应当如何承担侵权责任？

答：根据《最高人民法院关于适用〈中华人民共和国民法典〉侵权责任编的解释（一）》第18条的规定，承揽人在完成工作过程中造成第三人损害的，人民法院依照《民法典》第1165条的规定认定承揽人的民事责任。

被侵权人合并请求定作人和承揽人承担侵权责任的，依照《民法典》第1165条、第1193条的规定，造成损害的承揽人承担侵权人应承担的全部责任；定作人在定作、指示或者选任过错范围内与承揽人共同承担责任,但责任主体实际支付的赔偿费用总和不应超出被侵权人应受偿的损失数额。

定作人先行支付赔偿费用后,就超过自己相应责任的部分向承揽人追偿的,人民法院应予支持,但双方另有约定的除外。

◆ **第一千一百九十四条　网络侵权责任**

网络用户、网络服务提供者利用网络侵害他人民事权益的,应当承担侵权责任。法律另有规定的,依照其规定。

实用问答

网络服务提供者包括哪几种类型?

答: 网络服务提供者,这是一个概括性表述,既包括提供接入、缓存、信息存储空间、搜索以及链接等服务类型的技术服务提供者,也包括主动向网络用户提供内容的内容服务提供者,还包括在电子商务中为交易双方或者多方提供网络经营场所、交易撮合、信息发布等服务,供交易双方或者多方独立开展交易活动的电子商务平台经营者。

典型案例

北京兰世达光电科技有限公司、黄某兰诉赵某名誉权纠纷案[①]

要旨

1. 认定微信群中的言论构成侵犯他人名誉权,应当符合名誉权

---

① 参见最高人民法院指导案例143号(2020年)。

侵权的全部构成要件，还应当考虑信息网络传播的特点并结合侵权主体、传播范围、损害程度等具体因素进行综合判断。

2. 不特定关系人组成的微信群具有公共空间属性，公民在此类微信群中发布侮辱、诽谤、污蔑或者贬损他人的言论构成名誉权侵权，应当依法承担法律责任。

◆ **第一千一百九十五条　"通知与取下"制度**

> 网络用户利用网络服务实施侵权行为的，权利人有权通知网络服务提供者采取删除、屏蔽、断开链接等必要措施。通知应当包括构成侵权的初步证据及权利人的真实身份信息。
>
> 网络服务提供者接到通知后，应当及时将该通知转送相关网络用户，并根据构成侵权的初步证据和服务类型采取必要措施；未及时采取必要措施的，对损害的扩大部分与该网络用户承担连带责任。
>
> 权利人因错误通知造成网络用户或者网络服务提供者损害的，应当承担侵权责任。法律另有规定的，依照其规定。

实用问答

1. 人民法院认定网络服务提供者采取的删除、屏蔽、断开链接等必要措施是否及时应考虑哪些因素？

答：根据《最高人民法院关于审理利用信息网络侵害人身权益民事纠纷案件适用法律若干问题的规定》第4条的规定，人民法院适用《民法典》第1195条第2款的规定，认定网络服务提供者采取的删除、屏蔽、断开链接等必要措施是否及时，应当根据网络服务的类型和性质、有效通知的形式和准确程度、网络信息侵害权益的类型和程度等因素综合判断。

2. 发布的信息被采取删除、屏蔽、断开链接等措施的网络用户，主张网络服务提供者承担违约责任或者侵权责任的，网络服务提供者可以进行抗辩吗？

答：根据《最高人民法院关于审理利用信息网络侵害人身权益民事纠纷案件适用法律若干问题的规定》第 5 条的规定，发布的信息被采取删除、屏蔽、断开链接等措施的网络用户，主张网络服务提供者承担违约责任或者侵权责任，网络服务提供者以收到《民法典》第 1195 条第 1 款规定的有效通知为由抗辩的，人民法院应予支持。

◆ **第一千一百九十六条　"反通知"制度**

网络用户接到转送的通知后，可以向网络服务提供者提交不存在侵权行为的声明。声明应当包括不存在侵权行为的初步证据及网络用户的真实身份信息。

网络服务提供者接到声明后，应当将该声明转送发出通知的权利人，并告知其可以向有关部门投诉或者向人民法院提起诉讼。网络服务提供者在转送声明到达权利人后的合理期限内，未收到权利人已经投诉或者提起诉讼通知的，应当及时终止所采取的措施。

◆ **第一千一百九十七条　网络服务提供者的连带责任**

网络服务提供者知道或者应当知道网络用户利用其网络服务侵害他人民事权益，未采取必要措施的，与该网络用户承担连带责任。

实用问答

1. 人民法院在依据《民法典》第1197条认定网络服务提供者是否"知道或者应当知道"时，应当考虑哪些因素？

答：根据《最高人民法院关于审理利用信息网络侵害人身权益民事纠纷案件适用法律若干问题的规定》第6条的规定，人民法院依据《民法典》第1197条认定网络服务提供者是否"知道或者应当知道"，应当综合考虑下列因素：（1）网络服务提供者是否以人工或者自动方式对侵权网络信息以推荐、排名、选择、编辑、整理、修改等方式作出处理；（2）网络服务提供者应当具备的管理信息的能力，以及所提供服务的性质、方式及其引发侵权的可能性大小；（3）该网络信息侵害人身权益的类型及明显程度；（4）该网络信息的社会影响程度或者一定时间内的浏览量；（5）网络服务提供者采取预防侵权措施的技术可能性及其是否采取了相应的合理措施；（6）网络服务提供者是否针对同一网络用户的重复侵权行为或者同一侵权信息采取了相应的合理措施；（7）与案件相关的其他因素。

2. 人民法院在认定网络用户或者网络服务提供者转载网络信息行为的过错及其程度时，应当考虑哪些因素？

答：根据《最高人民法院关于审理利用信息网络侵害人身权益民事纠纷案件适用法律若干问题的规定》第7条的规定，人民法院认定网络用户或者网络服务提供者转载网络信息行为的过错及其程度，应当综合以下因素：（1）转载主体所承担的与其性质、影响范围相适应的注意义务；（2）所转载信息侵害他人人身权益的明显程度；（3）对所转载信息是否作出实质性修改，是否添加或者修改文章标题，导致其与内容严重不符以及误导公众的可能性。

3. 网络用户或者网络服务提供者，根据国家机关依职权制作的文书和公开实施的职权行为等信息来源所发布的信息，有哪些情形需要承担侵权责任？

答： 根据《最高人民法院关于审理利用信息网络侵害人身权益民事纠纷案件适用法律若干问题的规定》第9条的规定，网络用户或者网络服务提供者，根据国家机关依职权制作的文书和公开实施的职权行为等信息来源所发布的信息，有下列情形之一，侵害他人人身权益，被侵权人请求侵权人承担侵权责任的，人民法院应予支持：（1）网络用户或者网络服务提供者发布的信息与前述信息来源内容不符；（2）网络用户或者网络服务提供者以添加侮辱性内容、诽谤性信息、不当标题或者通过增删信息、调整结构、改变顺序等方式致人误解；（3）前述信息来源已被公开更正，但网络用户拒绝更正或者网络服务提供者不予更正；（4）前述信息来源已被公开更正，网络用户或者网络服务提供者仍然发布更正之前的信息。

◆ **第一千一百九十八条　安全保障义务人责任**

宾馆、商场、银行、车站、机场、体育场馆、娱乐场所等经营场所、公共场所的经营者、管理者或者群众性活动的组织者，未尽到安全保障义务，造成他人损害的，应当承担侵权责任。

因第三人的行为造成他人损害的，由第三人承担侵权责任；经营者、管理者或者组织者未尽到安全保障义务的，承担相应的补充责任。经营者、管理者或者组织者承担补充责任后，可以向第三人追偿。

📝 名词解释

<u>安全保障义务</u>，是指宾馆、商场、银行、车站、机场、体育场馆、娱乐场所等经营场所、公共场所的经营者、管理者或者群众性活动的组织者，所负有的在合理限度范围内保护他人人身和财产安全的义务。

📄 实用问答

旅游经营者未尽到安全保障义务的，是否应当承担责任？因第三人的行为造成旅游者损失的，由谁承担责任？

答：根据《最高人民法院关于审理旅游纠纷案件适用法律若干问题的规定》第7条的规定，旅游经营者、旅游辅助服务者未尽到安全保障义务，造成旅游者人身损害、财产损失，旅游者请求旅游经营者、旅游辅助服务者承担责任的，人民法院应予支持。因第三人的行为造成旅游者人身损害、财产损失，由第三人承担责任；旅游经营者、旅游辅助服务者未尽安全保障义务，旅游者请求其承担相应补充责任的，人民法院应予支持。

🔵 典型案例

李某月等诉广州市花都区梯面镇红山村村民委员会违反安全保障义务责任纠纷案[①]

要旨 公共场所经营管理者的安全保障义务，应限于合理限度

---

① 参见最高人民法院指导案例140号（2020年）。

范围内，与其管理和控制能力相适应。完全民事行为能力人因私自攀爬景区内果树采摘果实而不慎跌落致其自身损害，主张经营管理者承担赔偿责任的，人民法院不予支持。

◆ **第一千一百九十九条　教育机构对无民事行为能力人受到人身损害的过错推定责任**

无民事行为能力人在幼儿园、学校或者其他教育机构学习、生活期间受到人身损害的，幼儿园、学校或者其他教育机构应当承担侵权责任；但是，能够证明尽到教育、管理职责的，不承担侵权责任。

实用问答

怎么样理解幼儿园、学校和其他教育机构的侵权责任？

答：幼儿园、学校和其他教育机构的侵权责任，是指在幼儿园、学校和其他教育机构的教育、教学活动中或者其负有管理责任的校舍、场地、其他教育教学设施、生活设施中，因幼儿园、学校或者其他教育机构未尽教育、管理职责，致使学习或者生活的无民事行为能力人遭受损害或者致他人损害的，学校、幼儿园或者其他教育机构应当承担的与其过错相应的侵权责任。

◆ **第一千二百条　教育机构对限制民事行为能力人受到人身损害的过错责任**

限制民事行为能力人在学校或者其他教育机构学习、生活期间受到人身损害，学校或者其他教育机构未尽到教育、管理职责的，应当承担侵权责任。

实用问答

哪些情形造成的学生伤害事故，学校应当承担相应的责任？

答：根据《学生伤害事故处理办法》第9条的规定，因下列情形之一造成的学生伤害事故，学校应当依法承担相应的责任：（1）学校的校舍、场地、其他公共设施，以及学校提供给学生使用的学具、教育教学和生活设施、设备不符合国家规定的标准，或者有明显不安全因素的；（2）学校的安全保卫、消防、设施设备管理等安全管理制度有明显疏漏，或者管理混乱，存在重大安全隐患，而未及时采取措施的；（3）学校向学生提供的药品、食品、饮用水等不符合国家或者行业的有关标准、要求的；（4）学校组织学生参加教育教学活动或者校外活动，未对学生进行相应的安全教育，并未在可预见的范围内采取必要的安全措施的；（5）学校知道教师或者其他工作人员患有不适宜担任教育教学工作的疾病，但未采取必要措施的；（6）学校违反有关规定，组织或者安排未成年学生从事不宜未成年人参加的劳动、体育运动或者其他活动的；（7）学生有特异体质或者特定疾病，不宜参加某种教育教学活动，学校知道或者应当知道，但未予以必要的注意的；（8）学生在校期间突发疾病或者受到伤害，学校发现，但未根据实际情况及时采取相应措施，导致不良后果加重的；（9）学校教师或者其他工作人员体罚或者变相体罚学生，或者在履行职责过程中违反工作要求、操作规程、职业道德或者其他有关规定的；（10）学校教师或者其他工作人员在负有组织、管理未成年学生的职责期间，发现学生行为具有危险性，但未进行必要的管理、告诫或者制止的；（11）对未成年学生擅自离校等与学生人身安全直接相关的信息，学校发现或者知道，但未及时告知未成年学生的监护人，导致未成年学生因脱离监护人的保护而发生伤害的；

（12）学校有未依法履行职责的其他情形的。

◆ 第一千二百零一条　在教育机构内第三人侵权时的责任分担

无民事行为能力人或者限制民事行为能力人在幼儿园、学校或者其他教育机构学习、生活期间，受到幼儿园、学校或者其他教育机构以外的第三人人身损害的，由第三人承担侵权责任；幼儿园、学校或者其他教育机构未尽到管理职责的，承担相应的补充责任。幼儿园、学校或者其他教育机构承担补充责任后，可以向第三人追偿。

实用问答

无民事行为能力人或者限制民事行为能力人在幼儿园、学校或者其他教育机构学习、生活期间，受到教育机构以外的第三人人身损害的，第三人、教育机构应当如何承担侵权责任？

答： 根据《最高人民法院关于适用〈中华人民共和国民法典〉侵权责任编的解释（一）》第14条的规定，无民事行为能力人或者限制民事行为能力人在幼儿园、学校或者其他教育机构学习、生活期间，受到教育机构以外的第三人人身损害，第三人、教育机构作为共同被告且依法应承担侵权责任的，人民法院应当在判决中明确，教育机构在人民法院就第三人的财产依法强制执行后仍不能履行的范围内，承担与其过错相应的补充责任。被侵权人仅起诉教育机构的，人民法院应当向原告释明申请追加实施侵权行为的第三人为共同被告。第三人不确定的，未尽到管理职责的教育机构先行承担与其过错相应的责任；教育机构承担责任后向已经确定的第三人追偿的，人民法院依照《民法典》第1201条的规定予以支持。

> 典型案例

李某帅诉上海通用富士冷机有限公司、上海工商信息学校人身损害赔偿纠纷案[①]

要旨

1. 实习生在实习单位工作中,在工作时间、工作场所因工作原因受到伤害的,即使自身存在一般性过错,亦不能减轻实习单位的赔偿责任。

2. 学校应就实习生在实习中的安全防范和权益依法提供必要的保障。学校未对实习单位尽到必要督促义务的,应根据其过错程度对实习生的伤害后果承担相应法律责任。

3. 在城市中小学校就读的农村户籍学生,在学校的教育教学活动(含派出实习)中受伤致残的,其残疾赔偿金应当按照该校所在地的城镇居民标准计算。

[①] 参见《最高人民法院公报案例》2015年第12期。

第四章 产品责任

◆ **第一千二百零二条 产品生产者责任**

因产品存在缺陷造成他人损害的，生产者应当承担侵权责任。

实用问答

1. 因产品存在缺陷造成买受人财产损害，产品的生产者或者销售者应当如何承担侵权责任？

答：根据《最高人民法院关于适用〈中华人民共和国民法典〉侵权责任编的解释（一）》第19条的规定，因产品存在缺陷造成买受人财产损害，买受人请求产品的生产者或者销售者赔偿缺陷产品本身损害以及其他财产损害的，人民法院依照《民法典》第1202条、第1203条的规定予以支持。

2. 构成产品责任需要具备哪些要件？

答：依据《民法典》第1202条的规定，构成产品责任需要具备三个要件：（1）产品具有缺陷；（2）存在缺陷产品造成受害人损害的事实；（3）缺陷产品与损害事实之间存在因果关系。

3. 产品质量应当符合哪些要求？

答：根据《产品质量法》第26条第2款的规定，产品质量应当符合以下要求：（1）不存在危及人身、财产安全的不合理的危险，有保障人体健康和人身、财产安全的国家标准、行业标准的，应当符合该标准；（2）具备产品应当具备的使用性能，但是，对产品存在使用性能的瑕疵作出说明的除外；（3）符合在产品或者其包装上注明采用的产品标准，符合以产品说明、实物样品等方式表明的质量状况。

4. 生产者在哪些情形下可以不承担赔偿责任？

答：根据《产品质量法》第41条第2款的规定，生产者能够证明有下列情形之一的，不承担赔偿责任：（1）未将产品投入流通的；（2）产品投入流通时，引起损害的缺陷尚不存在的；（3）将产品投入流通时的科学技术水平尚不能发现缺陷的存在的。

5. 因产品存在缺陷造成受害人人身伤害的，侵害人应当赔偿哪些费用？

答：根据《产品质量法》第44条的规定，因产品存在缺陷造成受害人人身伤害的，侵害人应当赔偿医疗费、治疗期间的护理费、因误工减少的收入等费用；造成残疾的，还应当支付残疾者生活自助具费、生活补助费、残疾赔偿金以及由其扶养的人所必需的生活费等费用；造成受害人死亡的，并应当支付丧葬费、死亡赔偿金以及由死者生前扶养的人所必需的生活费等费用。因产品存在缺陷造成受害人财产损失的，侵害人应当恢复原状或者折价赔偿。受害人因此遭受其他重大损失的，侵害人应当赔偿损失。

◆ **第一千二百零三条 被侵权人请求损害赔偿的途径和先行赔偿人追偿权**

因产品存在缺陷造成他人损害的，被侵权人可以向产品的生产者请求赔偿，也可以向产品的销售者请求赔偿。

产品缺陷由生产者造成的，销售者赔偿后，有权向生产者追偿。因销售者的过错使产品存在缺陷的，生产者赔偿后，有权向销售者追偿。

实用问答

1. 消费者在购买、使用商品时,其合法权益受到损害的,谁应当承担赔偿责任?

答:根据《消费者权益保护法》第40条第1款的规定,消费者在购买、使用商品时,其合法权益受到损害的,可以向销售者要求赔偿。销售者赔偿后,属于生产者的责任或者属于向销售者提供商品的其他销售者的责任的,销售者有权向生产者或者其他销售者追偿。

2. 消费者或者其他受害人因商品缺陷造成人身、财产损害的,可以要求谁赔偿?

答:根据《消费者权益保护法》第40条第2款的规定,消费者或者其他受害人因商品缺陷造成人身、财产损害的,可以向销售者要求赔偿,也可以向生产者要求赔偿。属于生产者责任的,销售者赔偿后,有权向生产者追偿。属于销售者责任的,生产者赔偿后,有权向销售者追偿。

3. 消费者因不符合食品安全标准的食品受到损害的,可以向谁要求赔偿损失?

答:根据《食品安全法》第148条第1款的规定,消费者因不符合食品安全标准的食品受到损害的,可以向经营者要求赔偿损失,也可以向生产者要求赔偿损失。接到消费者赔偿要求的生产经营者,应当实行首负责任制,先行赔付,不得推诿;属于生产者责任的,经营者赔偿后有权向生产者追偿;属于经营者责任的,生产者赔偿后有权向经营者追偿。

4. 因食品、药品存在质量问题造成消费者损害，消费者可以起诉谁？

答：根据《最高人民法院关于审理食品药品纠纷案件适用法律若干问题的规定》第2条的规定，因食品、药品存在质量问题造成消费者损害，消费者可以分别起诉或者同时起诉销售者和生产者。消费者仅起诉销售者或者生产者的，必要时人民法院可以追加相关当事人参加诉讼。

5. 因食品、药品质量问题发生纠纷，购买者向生产者、销售者主张权利，生产者、销售者是否可以购买者明知食品、药品存在质量问题而仍然购买为由进行抗辩？

答：根据《最高人民法院关于审理食品药品纠纷案件适用法律若干问题的规定》第3条的规定，因食品、药品质量问题发生纠纷，购买者向生产者、销售者主张权利，生产者、销售者以购买者明知食品、药品存在质量问题而仍然购买为由进行抗辩的，人民法院不予支持。

6. 食品、药品生产者、销售者提供给消费者的食品或者药品的赠品发生质量安全问题，造成消费者损害，消费者主张权利，生产者、销售者是否可以消费者未对赠品支付对价为由进行免责抗辩？

答：根据《最高人民法院关于审理食品药品纠纷案件适用法律若干问题的规定》第4条的规定，食品、药品生产者、销售者提供给消费者的食品或者药品的赠品发生质量安全问题，造成消费者损害，消费者主张权利，生产者、销售者以消费者未对赠品支付对价为由进行免责抗辩的，人民法院不予支持。

典型案例

王某与甲公司产品责任纠纷案①

要旨 在数字经济背景下，互联网平台应当依法履行主体责任，尤其是涉及消费者身体健康的外卖餐饮平台，更应加强对平台内餐饮服务提供者身份及经营许可资质的审核。本案裁判明确外卖餐饮平台经营者未依法尽到资质审核义务，导致消费者合法权益受损的，应承担连带赔偿责任，确保人民群众的身体健康和生命安全不受非法侵害。

◆ **第一千二百零四条　生产者和销售者对有过错第三人的追偿权**

因运输者、仓储者等第三人的过错使产品存在缺陷，造成他人损害的，产品的生产者、销售者赔偿后，有权向第三人追偿。

实用问答

承运人向旅客提供的食品不符合食品安全标准的，旅客可以要求承运人承担赔偿责任吗？

答： 根据《最高人民法院关于审理食品安全民事纠纷案件适用法律若干问题的解释（一）》第 4 条的规定，公共交通运输的承运人向旅客提供的食品不符合食品安全标准，旅客主张承运人依据《食品安全法》第 148 条规定承担作为食品生产者或者经营者的赔偿责

---

① 参见《最高人民法院发布网络消费典型案例》之八，载最高人民法院网 2023 年 3 月 15 日，https：//www.court.gov.cn/zixun/xiangqing/393481.html。

任的，人民法院应予支持；承运人以其不是食品的生产经营者或者食品是免费提供为由进行免责抗辩的，人民法院不予支持。

> ◆ **第一千二百零五条　危及他人人身、财产安全的责任承担方式**
>
> 因产品缺陷危及他人人身、财产安全的，被侵权人有权请求生产者、销售者承担停止侵害、排除妨碍、消除危险等侵权责任。

📝 名词解释

妨碍，是指侵权人实施的妨碍他人合法权益的行为或者造成的妨碍他人合法权益正常行使的某种有害状况。

排除妨碍，是指依据被侵权人的请求，侵权人以一定的积极行为除去妨碍，以使被侵权人正常行使合法权益的民事责任方式。

> ◆ **第一千二百零六条　流通后发现有缺陷的补救措施和侵权责任**
>
> 产品投入流通后发现存在缺陷的，生产者、销售者应当及时采取停止销售、警示、召回等补救措施；未及时采取补救措施或者补救措施不力造成损害扩大的，对扩大的损害也应当承担侵权责任。
>
> 依据前款规定采取召回措施的，生产者、销售者应当负担被侵权人因此支出的必要费用。

📝 名词解释

警示，是指对产品有关的危险或产品的正确使用给予说明、提醒，提请使用者在使用该产品时注意已经存在的危险或者潜在可能发生的危险，防止或者减少对使用者的损害。

召回，是指产品的生产者、销售者依法定程序，对其生产或者销售的缺陷产品以换货、退货、更换零配件等方式，及时消除或减少缺陷产品危害的行为。

实用问答

1. 经营者发现其提供的商品或者服务存在缺陷，有危及人身、财产安全危险的，经营者应当采取什么措施？

答：根据《消费者权益保护法》第19条的规定，经营者发现其提供的商品或者服务存在缺陷，有危及人身、财产安全危险的，应当立即向有关行政部门报告和告知消费者，并采取停止销售、警示、召回、无害化处理、销毁、停止生产或者服务等措施。采取召回措施的，经营者应当承担消费者因商品被召回支出的必要费用。

2. 食品生产者发现其生产的食品不符合食品安全标准或者有证据证明可能危害人体健康的，食品生产者应当采取什么措施？

答：根据《食品安全法》第63条第1款的规定，食品生产者发现其生产的食品不符合食品安全标准或者有证据证明可能危害人体健康的，应当立即停止生产，召回已经上市销售的食品，通知相关生产经营者和消费者，并记录召回和通知情况。

3. 食品经营者发现其经营的食品不符合食品安全标准或者有证据证明可能危害人体健康的，食品生产者应当采取什么措施？

答：根据《食品安全法》第63条第2款的规定，食品经营者发现其经营的食品不符合食品安全标准或者有证据证明可能危害人体健康的，应当立即停止经营，通知相关生产经营者和消费者，并记录停止经营和通知情况。食品生产者认为应当召回的，应当立即召回。

4. 食品生产经营者在召回食品后应当采取什么措施？

答：根据《食品安全法》第63条第3款、第4款的规定，食品生产经营者应当对召回的食品采取无害化处理、销毁等措施，防止其再次流入市场。但是，对因标签、标志或者说明书不符合食品安全标准而被召回的食品，食品生产者在采取补救措施且能保证食品安全的情况下可以继续销售；销售时应当向消费者明示补救措施。

食品生产经营者应当将食品召回和处理情况向所在地县级人民政府食品安全监督管理部门报告；需要对召回的食品进行无害化处理、销毁的，应当提前报告时间、地点。

◆ **第一千二百零七条　产品责任惩罚性赔偿**

明知产品存在缺陷仍然生产、销售，或者没有依据前条规定采取有效补救措施，造成他人死亡或者健康严重损害的，<u>被侵权人有权请求相应的惩罚性赔偿</u>。

实用问答

1. 经营者提供商品或者服务有欺诈行为的，消费者可否请求增加赔偿？

答：根据《消费者权益保护法》第 55 条第 1 款的规定，经营者提供商品或者服务有欺诈行为的，应当按照消费者的要求增加赔偿其受到的损失，增加赔偿的金额为消费者购买商品的价款或者接受服务的费用的 3 倍；增加赔偿的金额不足 500 元的，为 500 元。法律另有规定的，依照其规定。

2. 经营者明知商品或者服务存在缺陷，仍然向消费者提供，造成消费者或者其他受害人死亡或者健康严重损害的，受害人可否请求惩罚性赔偿？

答：根据《消费者权益保护法》第 55 条第 2 款的规定，经营者明知商品或者服务存在缺陷，仍然向消费者提供，造成消费者或者其他受害人死亡或者健康严重损害的，受害人有权要求经营者依照《消费者权益保护法》第 49 条、第 51 条等法律规定赔偿损失，并有权要求所受损失 2 倍以下的惩罚性赔偿。

3. 生产不符合食品安全标准的食品或者经营明知是不符合食品安全标准的食品，消费者可否请求惩罚性赔偿？

答：根据《食品安全法》第 148 条第 2 款的规定，生产不符合食品安全标准的食品或者经营明知是不符合食品安全标准的食品，消费者除要求赔偿损失外，还可以向生产者或者经营者要求支付价款 10 倍或者损失 3 倍的赔偿金；增加赔偿的金额不足 1000 元的，为 1000 元。但是，食品的标签、说明书存在不影响食品安全且不会对消费者造成误导的瑕疵的除外。

4. 生产假药、劣药或者明知是假药、劣药仍然销售、使用的，受害人或者其近亲属除请求赔偿损失外可否向生产者、销售者主张惩罚性赔偿金？

答：根据《最高人民法院关于审理食品药品纠纷案件适用法律若干问题的规定》第 15 条第 2 款的规定，生产假药、劣药或者明知是假药、劣药仍然销售、使用的，受害人或者其近亲属除请求赔偿损失外，依据《药品管理法》等法律规定向生产者、销售者主张赔偿金的，人民法院应予支持。

第五章　机动车交通事故责任

◆ **第一千二百零八条　机动车交通事故责任的法律适用**

机动车发生交通事故造成损害的，依照<u>道路交通安全法律</u>和本法的有关规定承担赔偿责任。

实用问答

因道路交通事故造成的财产损失，哪些可以请求侵权人赔偿？

答：根据《最高人民法院关于审理道路交通事故损害赔偿案件适用法律若干问题的解释》第12条的规定，因道路交通事故造成下列财产损失，当事人请求侵权人赔偿的，人民法院应予支持：（1）维修被损坏车辆所支出的费用、车辆所载物品的损失、车辆施救费用；（2）因车辆灭失或者无法修复，为购买交通事故发生时与被损坏车辆价值相当的车辆重置费用；（3）依法从事货物运输、旅客运输等经营性活动的车辆，因无法从事相应经营活动所产生的合理停运损失；（4）非经营性车辆因无法继续使用，所产生的通常替代性交通工具的合理费用。

◆ **第一千二百零九条 机动车所有人、管理人与使用人不一致时的侵权责任**

因租赁、借用等情形机动车所有人、管理人与使用人不是同一人时，发生交通事故造成损害，属于该机动车一方责任的，由机动车使用人承担赔偿责任；机动车所有人、管理人对损害的发生有过错的，承担相应的赔偿责任。

名词解释

机动车租赁，是指机动车所有人将机动车在一定时间内交付承租人使用、收益，机动车所有人收取租赁费用，不提供驾驶劳务的行为。

机动车管理，是指将机动车存放在某一场所，或者将机动车交付维修，机动车暂时脱离所有人占有时，由管理人保管、占有机动车的行为。

机动车借用，是指机动车所有人将机动车在约定时间内交由借用人使用的行为。

实用问答

机动车所有人或者管理人有哪些情形时，应当认定其对交通事故承担过错赔偿责任？

答：根据《最高人民法院关于审理道路交通事故损害赔偿案件适用法律若干问题的解释》第1条的规定，机动车发生交通事故造成损害，机动车所有人或者管理人有下列情形之一，人民法院应当认定其对损害的发生有过错，并适用《民法典》第1209条的规定确定其相应的赔偿责任：（1）知道或者应当知道机动车存在缺陷，且该缺陷是交通事故发生原因之一的；（2）知道或者应当知道驾驶人无驾驶资格或者未取得相应驾驶资格的；（3）知道或者应当知道驾驶人因饮酒、服用国家管制的精神药品或者麻醉药品，或者患有妨碍安全驾驶机动车的疾病等依法不能驾驶机动车的；（4）其他应当认定机动车所有人或者管理人有过错的。

◆ **第一千二百一十条　转让并交付但未办理登记的机动车侵权责任**

当事人之间已经以买卖或者其他方式转让并交付机动车但是未办理登记，发生交通事故造成损害，属于该机动车一方责任的，由受让人承担赔偿责任。

实用问答

1.《民法典》第 1210 条中的"交付"与物权编中的"交付"等同吗？

答：《民法典》第 1210 条中的"交付"与物权编中的"交付"不应完全等同。物权理论中的拟制交付有简易交付、指示交付和占有改定等的区分。简易交付可以适用《民法典》第 1210 条的规则，《民法典》第 1210 条的"交付"主要是指"实际交付"。

2. 被多次转让但是未办理登记的机动车发生交通事故造成损害的，应当由谁承担赔偿责任？

答：根据《最高人民法院关于审理道路交通事故损害赔偿案件适用法律若干问题的解释》第 2 条的规定，被多次转让但是未办理登记的机动车发生交通事故造成损害，属于该机动车一方责任，当事人请求由最后一次转让并交付的受让人承担赔偿责任的，人民法院应予支持。

◆ **第一千二百一十一条　挂靠机动车侵权责任**

以挂靠形式从事道路运输经营活动的机动车，发生交通事故造成损害，属于该机动车一方责任的，由挂靠人和被挂靠人承担连带责任。

实用问答

什么是以挂靠形式从事运输经营活动？其具有哪些特点？

答：以挂靠形式从事运输经营活动，是指为了交通营运的方便，将车辆登记在某个具有运输经营权资质的经营主体名下，以该主体的名义进行运营，并由挂靠者向被挂靠主体支付一定费用的形式。以挂靠形式从事道路运输经营活动一般有三个特点：（1）四证统一。即车辆行驶证、道路运输证、驾驶证、营业性道路运输驾驶员从业资格证上记载的车主、业户、单位、服务单位均为被挂靠主体。（2）挂靠机动车向被挂靠主体交纳费用。（3）具有隐蔽性，虽然挂靠双方之间存在关于运输经营的合同或内部协议，但发生交通事故造成损害时，被侵权人无法从外观上判断挂靠机动车是否属于被挂靠主体。

◆ **第一千二百一十二条　未经允许驾驶他人机动车侵权责任**

未经允许驾驶他人机动车，发生交通事故造成损害，属于该机动车一方责任的，由机动车使用人承担赔偿责任；机动车所有人、管理人对损害的发生有过错的，承担相应的赔偿责任，但是本章另有规定的除外。

◆ **第一千二百一十三条　交通事故责任承担主体赔偿顺序**

机动车发生交通事故造成损害，属于该机动车一方责任的，先由承保机动车强制保险的保险人在强制保险责任限额范围内予以赔偿；不足部分，由承保机动车商业保险的保险人按照保险合同的约定予以赔偿；仍然不足或者没有投保机动车商业保险的，由侵权人赔偿。

实用问答

1. 未依法投保强制保险的机动车发生交通事故造成损害，投保义务人和交通事故责任人不是同一人，投保义务人和交通事故责任人应当如何承担侵权责任？

答：根据《最高人民法院关于适用〈中华人民共和国民法典〉侵权责任编的解释（一）》第21条的规定，未依法投保强制保险的机动车发生交通事故造成损害，投保义务人和交通事故责任人不是同一人，被侵权人合并请求投保义务人和交通事故责任人承担侵权责任的，交通事故责任人承担侵权人应承担的全部责任；投保义务人在机动车强制保险责任限额范围内与交通事故责任人共同承担责任，但责任主体实际支付的赔偿费用总和不应超出被侵权人应受偿的损失数额。

投保义务人先行支付赔偿费用后，就超出机动车强制保险责任限额范围部分向交通事故责任人追偿的，人民法院应予支持。

2. 机动车驾驶人离开本车后，因未采取制动措施等自身过错受到本车碰撞、碾压造成损害的，应当由谁承担侵权责任？

答：根据《最高人民法院关于适用〈中华人民共和国民法典〉侵权责任编的解释（一）》第22条的规定，机动车驾驶人离开本车后,因未采取制动措施等自身过错受到本车碰撞、碾压造成损害,机动车驾驶人请求承保本车机动车强制保险的保险人在强制保险责任限额范围内,以及承保本车机动车商业第三者责任保险的保险人按照保险合同的约定赔偿的,人民法院不予支持,但可以依据机动车车上人员责任保险的有关约定支持相应的赔偿请求。

3. 同时投保机动车强制保险和机动车商业保险的机动车发生交通事故造成损害,如何确定侵权人和保险公司的赔偿责任?

答:根据《最高人民法院关于审理道路交通事故损害赔偿案件适用法律若干问题的解释》第13条的规定,同时投保机动车第三者责任强制保险和第三者责任商业保险的机动车发生交通事故造成损害,当事人同时起诉侵权人和保险公司的,人民法院应当依照《民法典》第1213条的规定,确定赔偿责任。即先由承保机动车强制保险的保险人在强制保险责任限额范围内予以赔偿;不足部分,由承保机动车商业保险的保险人按照保险合同的约定予以赔偿;仍然不足的,由侵权人赔偿。被侵权人或者其近亲属请求承保机动车强制保险的保险公司优先赔偿精神损害的,人民法院应予支持。

◆ **第一千二百一十四条　拼装车或报废车侵权责任**

以买卖或者其他方式转让拼装或者已经达到报废标准的机动车,发生交通事故造成损害的,<u>由转让人和受让人承担连带责任</u>。

实用问答

1. 以买卖或者其他方式转让拼装或者已经达到报废标准的机动车，发生交通事故造成损害，转让人、受让人是否可以其不知道且不应当知道该机动车系拼装或者已经达到报废标准为由，主张不承担侵权责任？

答：根据《最高人民法院关于适用〈中华人民共和国民法典〉侵权责任编的解释（一）》第20条的规定，以买卖或者其他方式转让拼装或者已经达到报废标准的机动车，发生交通事故造成损害，转让人、受让人以其不知道且不应当知道该机动车系拼装或者已经达到报废标准为由，主张不承担侵权责任的，人民法院不予支持。

2. 出售已达到报废标准的机动车应如何处罚？

答：根据《道路交通安全法》第100条第3款的规定，出售已达到报废标准的机动车的，没收违法所得，处销售金额等额的罚款，对该机动车予以收缴，强制报废。

3. 被多次转让的拼装车或已达到报废标准的机动车等发生交通事故造成损害的，可否由所有的转让人和受让人承担连带责任？

答：根据《最高人民法院关于审理道路交通事故损害赔偿案件适用法律若干问题的解释》第4条的规定，拼装车、已达到报废标准的机动车或者依法禁止行驶的其他机动车被多次转让，并发生交通事故造成损害，当事人请求由所有的转让人和受让人承担连带责任的，人民法院应予支持。

◆ **第一千二百一十五条　盗窃、抢劫或抢夺机动车侵权责任**

盗窃、抢劫或者抢夺的机动车发生交通事故造成损害的，由盗窃人、抢劫人或者抢夺人承担赔偿责任。盗窃人、抢劫人或者抢夺人与机动车使用人不是同一人，发生交通事故造成损害，属于该机动车一方责任的，由盗窃人、抢劫人或者抢夺人与机动车使用人承担连带责任。

保险人在机动车强制保险责任限额范围内垫付抢救费用的，有权向交通事故责任人追偿。

实用问答

1.《民法典》第 1215 条中的"机动车使用人"包括哪些？

答：《民法典》第 1215 条中的"机动车使用人"，指的是盗窃人、抢劫人或者抢夺人将机动车出售、出租、借用、赠送后，实际使用该机动车的人。

2. 被保险机动车被盗抢期间肇事的，保险公司是否承担赔偿责任？

答：根据《机动车交通事故责任强制保险条例》第 22 条的规定，被保险机动车被盗抢期间肇事的，保险公司在机动车交通事故责任强制保险责任限额范围内垫付抢救费用，并有权向致害人追偿，造成受害人财产损失的，保险公司不承担赔偿责任。

◆ **第一千二百一十六条 肇事后逃逸责任及受害人救济**

机动车驾驶人发生交通事故后逃逸，该机动车参加强制保险的，由保险人在机动车强制保险责任限额范围内予以赔偿；机动车不明、该机动车未参加强制保险或者抢救费用超过机动车强制保险责任限额，需要支付被侵权人人身伤亡的抢救、丧葬等费用的，由道路交通事故社会救助基金垫付。道路交通事故社会救助基金垫付后，其管理机构有权向交通事故责任人追偿。

名词解释

机动车肇事逃逸，是指发生道路交通事故后，道路交通事故当事人为逃避法律责任，驾驶车辆或者遗弃车辆逃离道路交通事故现场的行为。

实用问答

哪些情形下，道路交通事故受害人人身伤亡的丧葬费用、抢救费用可以由救助基金先行垫付？

答：根据《机动车交通事故责任强制保险条例》第24条的规定，国家设立道路交通事故社会救助基金。有下列情形之一时，道路交通事故中受害人人身伤亡的丧葬费用、部分或者全部抢救费用，由救助基金先行垫付，救助基金管理机构有权向道路交通事故责任人追偿：（1）抢救费用超过机动车交通事故责任强制保险责任限额的；（2）肇事机动车未参加机动车交通事故责任强制保险的；（3）机动车肇事后逃逸的。

◆ **第一千二百一十七条　好意同乘的责任承担**

非营运机动车发生交通事故造成无偿搭乘人损害，属于该机动车一方责任的，<u>应当减轻其赔偿责任</u>，但是机动车使用人<u>有故意或者重大过失的除外</u>。

实用问答

好意同乘主要适用于哪些情形？

答：好意同乘主要是指非营运机动车的驾驶人基于亲情或者友情在上下班、出游途中无偿搭载自己的亲朋好友、邻居同事的情形，亦即"搭便车"。好意同乘不适用于营运机动车。但是，出租汽车在上班前或者下班后等非营运的时间，免费搭乘邻居、朋友的，应当适用《民法典》第 1217 条的规定。即"非营运机动车"包括"处于非营运状态的营运机动车"这一情形。

典型案例

钱某生、钱某东等诉李某军等好意同乘机动车交通事故责任纠纷案[①]

要旨　好意同乘是指车辆供乘者不以牟利为目的而邀请或者允许搭乘人搭乘车辆的行为。好意同乘行为本属于一种情谊行为，搭乘人和车主间并不构成客运合同关系，但供乘人一旦邀请或允许他人搭乘，则负有保障

---

① 参见南京市玄武区人民法院（2016）苏 0102 民初 1002 号民事判决书。

搭乘者人身安全的注意义务。如因驾驶人的过错在好意同乘中发生交通事故，车辆驾驶人应承担与其过错相适应的侵权赔偿责任。但是，鉴于该侵权事实系发生在情谊行为过程中，基于鼓励助人为乐、相互帮助的公序良俗，可以根据案件具体情况，酌情减轻车辆驾驶人对搭乘者的赔偿责任。

第六章 医疗损害责任

◆ **第一千二百一十八条 医疗损害责任归责原则**

患者在诊疗活动中受到损害,医疗机构或者其医务人员有过错的,由医疗机构承担赔偿责任。

名词解释

诊疗活动,包括诊断、治疗、护理等环节,是指通过各种检查,使用药物、器械及手术等方法,对疾病作出判断和消除疾病、缓解病情、减轻痛苦、改善功能、延长生命、帮助患者恢复健康的活动。

实用问答

1. 患者主张医疗机构承担赔偿责任的,应当提交哪些证据?

答:根据《最高人民法院关于审理医疗损害责任纠纷案件适用法律若干问题的解释》第4条第1款、第2款的规定,患者依据《民法典》第1218条规定主张医疗机构承担赔偿责任的,应当提交到该医疗机构就诊、受到损害的证据。患者无法提交医疗机构或者其医务人员有过错、诊疗行为与损害之间具有因果关系的证据,依法提出医疗损害鉴定申请的,人民法院应予准许。

2. 对医疗机构或其医务人员过错的认定依据是什么？可综合考虑哪些因素？

答： 根据《最高人民法院关于审理医疗损害责任纠纷案件适用法律若干问题的解释》第16条的规定，对医疗机构或者其医务人员的过错，应当依据法律、行政法规、规章以及其他有关诊疗规范进行认定，可以综合考虑患者病情的紧急程度、患者个体差异、当地的医疗水平、医疗机构与医务人员资质等因素。

典型案例

邹某与某医美机构侵权责任纠纷案[①]

要旨 本案为典型的因医疗美容虚假宣传和诊疗不规范行为引发的侵权责任纠纷。通过该案的审理，法院充分发挥了司法裁判在社会治理中的规则引领和价值导向作用。首先，将医疗美容纠纷纳入医疗损害责任纠纷范畴，按照医疗损害责任纠纷的标准审查证据，有助于督促医美机构加强医疗文书制作及保存工作，规范其诊疗活动。其次，将消费型医疗美容纠纷纳入消费者权益保护法范围并适用惩罚性赔偿的规定，加大对商业欺诈行为的制裁力度，既能对医美机构起到应有的警示作用，预防、震慑其违法行为，也维护了医美市场的诚信和秩序，有利于切实保护消费者合法权益。

[①] 参见《最高人民法院发布消费者权益保护典型案例》之一，载最高人民法院网2022年3月15日，https://www.court.gov.cn/zixun/xiangqing/350961.html。

◆ 第一千二百一十九条　医务人员说明义务和患者知情同意权

医务人员在诊疗活动中应当向患者说明病情和医疗措施。需要实施手术、特殊检查、特殊治疗的，医务人员应当及时向患者具体说明医疗风险、替代医疗方案等情况，并取得其明确同意；不能或者不宜向患者说明的，应当向患者的近亲属说明，并取得其明确同意。

医务人员未尽到前款义务，造成患者损害的，医疗机构应当承担赔偿责任。

实用问答

医务人员虽未尽到说明义务，但未造成患者人身损害的，患者有权请求医疗机构承担损害赔偿责任吗？

答：根据《最高人民法院关于审理医疗损害责任纠纷案件适用法律若干问题的解释》第17条的规定，医务人员违反《民法典》第1219条第1款规定义务，但未造成患者人身损害，患者请求医疗机构承担损害赔偿责任的，不予支持。

◆ 第一千二百二十条　紧急情况下实施医疗措施

因抢救生命垂危的患者等紧急情况，不能取得患者或者其近亲属意见的，经医疗机构负责人或者授权的负责人批准，可以立即实施相应的医疗措施。

实用问答

哪些情形可以认定为不能取得患者近亲属意见的法定情形?

答:根据《最高人民法院关于审理医疗损害责任纠纷案件适用法律若干问题的解释》第 18 条第 1 款的规定,因抢救生命垂危的患者等紧急情况且不能取得患者意见时,下列情形可以认定为《民法典》第 1220 条规定的不能取得患者近亲属意见:(1)近亲属不明的;(2)不能及时联系到近亲属的;(3)近亲属拒绝发表意见的;(4)近亲属达不成一致意见的;(5)法律、法规规定的其他情形。

◆ **第一千二百二十一条　医务人员过错诊疗的赔偿责任**

医务人员在诊疗活动中未尽到与当时的医疗水平相应的诊疗义务,造成患者损害的,医疗机构应当承担赔偿责任。

◆ **第一千二百二十二条　推定医疗机构有过错的情形**

患者在诊疗活动中受到损害,有下列情形之一的,推定医疗机构有过错:

(一)违反法律、行政法规、规章以及其他有关诊疗规范的规定;

(二)隐匿或者拒绝提供与纠纷有关的病历资料;

(三)遗失、伪造、篡改或者违法销毁病历资料。

实用问答

1. 病历资料包括哪些?

答:根据《最高人民法院关于审理医疗损害责任纠纷案件适用

法律若干问题的解释》第 6 条第 1 款的规定，《民法典》第 1222 条规定的病历资料包括医疗机构保管的门诊病历、住院志、体温单、医嘱单、检验报告、医学影像检查资料、特殊检查（治疗）同意书、手术同意书、手术及麻醉记录、病理资料、护理记录、出院记录以及国务院卫生行政主管部门规定的其他病历资料。

2. 医生隐匿、伪造、篡改或者擅自销毁病历如何处罚？

答： 根据《医师法》第 24 条第 1 款、第 56 条第 3 项的规定，医师实施医疗、预防、保健措施，签署有关医学证明文件，必须亲自诊查、调查，并按照规定及时填写病历等医学文书，不得隐匿、伪造、篡改或者擅自销毁病历等医学文书及有关资料。隐匿、伪造、篡改或者擅自销毁病历等医学文书及有关资料的，由县级以上人民政府卫生健康主管部门责令改正，给予警告，没收违法所得，并处 1 万元以上 3 万元以下的罚款；情节严重的，责令暂停 6 个月以上 1 年以下执业活动直至吊销医师执业证书。

> **◆ 第一千二百二十三条　因药品、消毒产品、医疗器械的缺陷，或者输入不合格血液的侵权责任**
>
> 因药品、消毒产品、医疗器械的缺陷，或者输入不合格的血液造成患者损害的，患者可以向药品上市许可持有人、生产者、血液提供机构请求赔偿，也可以向医疗机构请求赔偿。患者向医疗机构请求赔偿的，医疗机构赔偿后，有权向负有责任的药品上市许可持有人、生产者、血液提供机构追偿。

名词解释

药品，是指用于预防、治疗、诊断人的疾病，有目的地调节人的生理机能并规定有适应证或者功能主治、用法和用量的物质，包括中药、化学药和生物制品等。

消毒产品，包括消毒剂、消毒器械（含生物指示物、化学指示物和灭菌物品包装物）、卫生用品和一次性使用医疗用品。

医疗器械，是指直接或者间接用于人体的仪器、设备、器具、体外诊断试剂及校准物、材料以及其他类似或者相关的物品。

◆ 第一千二百二十四条 医疗机构免责情形

患者在诊疗活动中受到损害，有下列情形之一的，医疗机构不承担赔偿责任：

（一）患者或者其近亲属不配合医疗机构进行符合诊疗规范的诊疗；

（二）医务人员在抢救生命垂危的患者等紧急情况下已经尽到合理诊疗义务；

（三）限于当时的医疗水平难以诊疗。

前款第一项情形中，医疗机构或者其医务人员也有过错的，应当承担相应的赔偿责任。

实用问答

哪些情形不属于医疗事故？

答：根据《医疗事故处理条例》第33条的规定，有下列情形之一的，不属于医疗事故：（1）在紧急情况下为抢救垂危患者生命而采取紧急医学措施造成不良后果的；（2）在医疗活动中由于患者病情异常或者患者体质特殊而发生医疗意外的；（3）在现有医学科学技术条件下，发生无法预料或者不能防范的不良后果的；（4）无过错输血感染造成不良后果的；（5）因患方原因延误诊疗导致不良后果的；（6）因不可抗力造成不良后果的。

> **第一千二百二十五条　医疗机构对病历资料的义务、患者对病历资料的权利**
>
> 医疗机构及其医务人员应当按照规定填写并妥善保管住院志、医嘱单、检验报告、手术及麻醉记录、病理资料、护理记录等病历资料。
>
> 患者要求查阅、复制前款规定的病历资料的，医疗机构应当及时提供。

实用问答

1. 患者及近亲属对病历资料享有哪些权利？医疗机构应如何配合其行使权利？

答：根据《医疗纠纷预防和处理条例》第16条的规定，患者有权查阅、复制其门诊病历、住院志、体温单、医嘱单、化验单（检验报告）、医学影像检查资料、特殊检查同意书、手术同意书、手术及麻醉记录、病理资料、护理记录、医疗费用以及国务院卫生主管部门规定的其他属于病历的全部资料。

患者要求复制病历资料的，医疗机构应当提供复制服务，并在复制的病历资料上加盖证明印记。复制病历资料时，应当有患者或者其近亲属在场。医疗机构应患者的要求为其复制病历资料，可以收取工本费，收费标准应当公开。

患者死亡的，其近亲属可以依照规定查阅、复制病历资料。

2. 谁有权申请复制或者查阅病历资料？

答：根据《医疗机构病历管理规定（2013年版）》第17条的规定，医疗机构应当受理下列人员和机构复制或者查阅病历资料的申请，并依规定提供病历复制或者查阅服务：（1）患者本人或者其委托代理人；（2）死亡患者法定继承人或者其代理人。

3. 医疗机构向患者提供查阅、复制病历资料的范围？

答：根据《医疗机构病历管理规定（2013年版）》第19条的规定，医疗机构可以为申请人复制门（急）诊病历和住院病历中的体温单、医嘱单、住院志（入院记录）、手术同意书、麻醉同意书、麻醉记录、手术记录、病重（病危）患者护理记录、出院记录、输血治疗知情同意书、特殊检查（特殊治疗）同意书、病理报告、检验报告等辅助检查报告单、医学影像检查资料等病历资料。

4. 医疗机构没有正当理由拒绝为患者提供相关病历资料的，应当承担哪些法律责任？

答：依照《医疗事故处理条例》第56条第2项的规定，没有正当理由，拒绝为患者提供复印或者复制病历资料服务的，由卫生行政部门责令改正；情节严重的，对负有责任的主管人员和其他直接责任人员依法给予行政处分或者纪律处分。

◆ 第一千二百二十六条　患者隐私和个人信息保护

医疗机构及其医务人员应当对患者的隐私和个人信息保密。泄露患者的隐私和个人信息，或者未经患者同意公开其病历资料的，应当承担侵权责任。

实用问答

医师在执业活动中泄露患者隐私或者个人信息的，应当如何处罚？

答：根据《医师法》第56条第1项的规定，医师在执业活动中泄露患者隐私或者个人信息的，由县级以上人民政府卫生健康主管部门责令改正，给予警告，没收违法所得，并处1万元以上3万元以下的罚款；情节严重的，责令暂停6个月以上1年以下执业活动直至吊销医师执业证书。

◆ **第一千二百二十七条 禁止违规实施不必要的检查**

医疗机构及其医务人员不得违反诊疗规范实施不必要的检查。

◆ **第一千二百二十八条 维护医疗机构及其医务人员合法权益**

医疗机构及其医务人员的合法权益受法律保护。

干扰医疗秩序，妨碍医务人员工作、生活，侵害医务人员合法权益的，应当依法承担法律责任。

第七章 环境污染和生态破坏责任

◆ **第一千二百二十九条 污染环境、破坏生态致损的侵权责任**

因污染环境、破坏生态造成他人损害的，侵权人应当承担侵权责任。

实用问答

1. 哪些污染环境、破坏生态行为造成他人人身、财产损害的情况需承担生态环境侵权责任？

答： 根据《最高人民法院关于审理生态环境侵权责任纠纷案件适用法律若干问题的解释》第1条的规定，侵权人因实施下列污染环境、破坏生态行为造成他人人身、财产损害，被侵权人请求侵权人承担生态环境侵权责任的，人民法院应予支持：（1）排放废气、废水、废渣、医疗废物、粉尘、恶臭气体、放射性物质等污染环境的；（2）排放噪声、振动、光辐射、电磁辐射等污染环境的；（3）不合理开发利用自然资源的；（4）违反国家规定，未经批准，擅自引进、释放、丢弃外来物种的；（5）其他污染环境、破坏生态的行为。

2. 哪些污染环境、破坏生态引发的民事纠纷不作为生态环境侵权案件处理？

答： 根据《最高人民法院关于审理生态环境侵权责任纠纷案件

适用法律若干问题的解释》第 2 条第 1 款的规定，因下列污染环境、破坏生态引发的民事纠纷，不作为生态环境侵权案件处理：（1）未经由大气、水、土壤等生态环境介质，直接造成损害的；（2）在室内、车内等封闭空间内造成损害的；（3）不动产权利人在日常生活中造成相邻不动产权利人损害的；（4）劳动者在职业活动中受到损害的。

典型案例

北京市人民检察院第四分院诉朱某良、朱某涛环境污染民事公益诉讼案[①]

要旨

1. 两个以上侵权人分别实施污染环境、破坏生态行为造成同一损害，每一个侵权人的污染环境、破坏生态行为都不足以造成全部损害，部分侵权人根据修复方案确定的整体修复要求履行全部修复义务后，请求以代其他侵权人支出的修复费用折抵其应当承担的生态环境服务功能损失赔偿金的，人民法院应予支持。

2. 对于侵权人实施的生态环境修复工程，应当进行修复效果评估。经评估，受损生态环境服务功能已经恢复的，可以认定侵权人已经履行生态环境修复责任。

---

① 参见最高人民法院指导性案例 206 号（2023 年）。

◆ 第一千二百三十条　环境污染、生态破坏侵权举证责任

因污染环境、破坏生态发生纠纷，行为人应当就法律规定的不承担责任或者减轻责任的情形及其行为与损害之间不存在因果关系承担举证责任。

名词解释

举证责任，是指法律要求纠纷当事人对自己所主张的事实，提出证据加以证明的责任。

◆ 第一千二百三十一条　两个以上侵权人的责任确定

两个以上侵权人污染环境、破坏生态的，承担责任的大小，根据污染物的种类、浓度、排放量，破坏生态的方式、范围、程度，以及行为对损害后果所起的作用等因素确定。

实用问答

适用环境共同侵权需要满足哪些要件？

答：适用环境共同侵权需要满足以下要件：一是多个侵权主体，即有两个或者两个以上的行为人实施了污染环境、破坏生态行为。二是行为人实施了污染环境、破坏生态的行为。三是数个侵权行为与损害有总体上的因果关系，而非单个侵权行为与损害之间有因果关系。四是造成了同一损害。

◆ **第一千二百三十二条　环境污染、生态破坏侵权的惩罚性赔偿**

　　侵权人违反法律规定故意污染环境、破坏生态造成严重后果的，被侵权人有权请求相应的惩罚性赔偿。

实用问答

1. 环境侵权惩罚性赔偿的构成要件有哪些？

答：环境侵权惩罚性赔偿的构成要件如下：（1）侵权人实施了不法行为。侵权人的环境污染和破坏生态行为违反了法律规定。（2）侵权人主观具有故意。（3）造成严重后果。侵权人的行为造成严重后果的，才可能构成惩罚性赔偿。

2. 人民法院如何认定侵权人具有污染环境、破坏生态的故意？

答：根据《最高人民法院关于审理生态环境侵权纠纷案件适用惩罚性赔偿的解释》第7条的规定，具有下列情形之一的，人民法院应当认定侵权人具有污染环境、破坏生态的故意：（1）因同一污染环境、破坏生态行为，已被人民法院认定构成破坏环境资源保护犯罪的；（2）建设项目未依法进行环境影响评价，或者提供虚假材料导致环境影响评价文件严重失实，被行政主管部门责令停止建设后拒不执行的；（3）未取得排污许可证排放污染物，被行政主管部门责令停止排污后拒不执行，或者超过污染物排放标准或者重点污染物排放总量控制指标排放污染物，经行政主管机关责令限制生产、停产整治或者给予其他行政处罚后仍不改正的；（4）生产、使用国家明令禁止生产、使用的农药，被行政主管部门责令改正后拒不改正的；（5）无危险废物经营许可证而从事收集、贮存、利用、处置危险废物经营活动，或者知道或者应当知道他人无许可证而将危险废物提供或者委托给其从事收集、贮存、利用、处置等活动的；

（6）将未经处理的废水、废气、废渣直接排放或者倾倒的；（7）通过暗管、渗井、渗坑、灌注，篡改、伪造监测数据，或者以不正常运行防治污染设施等逃避监管的方式，违法排放污染物的；（8）在相关自然保护区域、禁猎（渔）区、禁猎（渔）期使用禁止使用的猎捕工具、方法猎捕、杀害国家重点保护野生动物、破坏野生动物栖息地的；（9）未取得勘查许可证、采矿许可证，或者采取破坏性方法勘查开采矿产资源的；（10）其他故意情形。

典型案例

浮梁县人民检察院诉某化工集团有限公司环境污染民事公益诉讼案[①]

要旨 本案是我国首例适用《民法典》惩罚性赔偿条款的环境污染民事公益诉讼案件。《民法典》侵权责任编新增规定了污染环境和破坏生态的惩罚性赔偿制度，贯彻了"绿水青山就是金山银山"的环保理念，增强了生态环境保护力度，是构建天蓝地绿水净的美好家园的法治保障。审理法院在判令被告承担生态环境修复费用、环境功能性损失等补偿性费用之外，采取"基数+倍数"的计算方式，结合具体案情决定以环境功能性损失费用为计算基数，综合考虑侵权人主观过错程度、侵权后果的严重程度、侵权人的经济能力、赔偿态度、受到行政处罚的情况等调节因素确定倍数，进而确定最终的惩罚性赔偿数额，为正确实施环境污染和生态破坏责任惩罚性赔偿制度提

[①] 参见《最高人民法院发布人民法院贯彻实施民法典典型案例（第一批）》之十一，载中国法院网2022年2月25日，https://www.chinacourt.org/article/detail/2022/02/id/6547882.shtml。

供了有益借鉴。

> ◆ **第一千二百三十三条 因第三人的过错污染环境、破坏生态的侵权责任**
>
> 因第三人的过错污染环境、破坏生态的,被侵权人可以向侵权人请求赔偿,也可以向第三人请求赔偿。侵权人赔偿后,有权向第三人追偿。

> ◆ **第一千二百三十四条 生态环境修复责任**
>
> 违反国家规定造成生态环境损害,生态环境能够修复的,国家规定的机关或者法律规定的组织有权请求侵权人在合理期限内承担修复责任。侵权人在期限内未修复的,国家规定的机关或者法律规定的组织可以自行或者委托他人进行修复,所需费用由侵权人负担。

典型案例

上海市奉贤区生态环境局与张某新、童某勇、王某平生态环境损害赔偿诉讼案①

要旨 本案系人民法院践行习近平生态文明思想,适用《民法典》相关规定判决由国家规定的机关委托修复生态环境,所需费用由侵权人负担的典型案例。本

---

① 参见《最高人民法院发布人民法院贯彻实施民法典典型案例（第二批）》之十六,载中国法院网2023年1月12日,https：//www.chinacourt.org/article/detail/2023/01/id/7100145.shtml。

案依法认定生态修复刻不容缓而侵权人客观上无法履行修复义务的，行政机关有权委托他人进行修复，并可根据《民法典》第 1234 条直接主张费用赔偿，既有力推动了生态环境修复，也为《民法典》施行前发生的环境污染纠纷案件准确适用法律提供了参考借鉴。

> ◆ **第一千二百三十五条　生态环境损害赔偿范围**
>
> 　　违反国家规定造成生态环境损害的，国家规定的机关或者法律规定的组织有权请求侵权人赔偿下列损失和费用：
> 　　（一）生态环境受到损害至修复完成期间服务功能丧失导致的损失；
> 　　（二）生态环境功能永久性损害造成的损失；
> 　　（三）生态环境损害调查、鉴定评估等费用；
> 　　（四）清除污染、修复生态环境费用；
> 　　（五）防止损害的发生和扩大所支出的合理费用。

名词解释

生态环境损害调查，是指生态环境损害发生后，权利人为了评估生态环境损害情况进行信息收集的行为。

生态环境损害鉴定评估，是指鉴定评估机构通过技术方法对生态环境损害情况、赔偿费用、修复行为、修复效果等进行分析评价的行为。

实用问答

1. 生态环境修复费用主要包括哪些？

答：根据《最高人民法院关于审理环境民事公益诉讼案件适用法律若干问题的解释》第 20 条第 3 款的规定，生态环境修复费用包括制定、实施修复方案的费用,修复期间的监测、监管费用,以及修复完成后的验收费用、修复效果后评估费用等。

2. 防止损害的发生和扩大所支出的合理费用包括哪些?

答:根据《最高人民法院关于审理环境民事公益诉讼案件适用法律若干问题的解释》第19条第2款的规定,防止损害的发生和扩大所支出的合理费用包括为停止侵害、排除妨碍、消除危险采取合理预防、处置措施而发生的费用。

第八章 高度危险责任

◆ **第一千二百三十六条 高度危险责任的一般规定**

从事高度危险作业造成他人损害的,应当承担侵权责任。

实用问答

高度危险作业主要包括哪些?

答:高度危险作业,既包括使用民用核设施、高速轨道运输工具的活动和高压、高空、地下挖掘等高度危险活动,也包括占有、使用易燃、易爆、剧毒、高放射性、强腐蚀性、高致病性等高度危险物的行为。

◆ **第一千二百三十七条 民用核设施或者核材料致害责任**

民用核设施或者运入运出核设施的核材料发生核事故造成他人损害的,民用核设施的营运单位应当承担侵权责任;但是,能够证明损害是因战争、武装冲突、暴乱等情形或者受害人故意造成的,不承担责任。

实用问答

1. 核设施包括哪些?

答:依照《核安全法》第 2 条第 2 款的规定,核设施是指:

（1）核电厂、核热电厂、核供汽供热厂等核动力厂及装置；（2）核动力厂以外的研究堆、实验堆、临界装置等其他反应堆；（3）核燃料生产、加工、贮存和后处理设施等核燃料循环设施；（4）放射性废物的处理、贮存、处置设施。

2. 核材料包括哪些？

答：依照《核安全法》第 2 条第 3 款的规定，核材料是指：（1）铀－235 材料及其制品；（2）铀－233 材料及其制品；（3）钚－239 材料及其制品；（4）法律、行政法规规定的其他需要管制的核材料。

◆ **第一千二百三十八条　民用航空器致害责任**

民用航空器造成他人损害的，民用航空器的经营者应当承担侵权责任；但是，能够证明损害是因受害人故意造成的，不承担责任。

名词解释

民用航空器，是指除用于执行军事、海关、警察等飞行任务外的航空器。

实用问答

航空运输中，哪些原因造成货物毁灭、遗失或者损坏的，承运人不承担责任？

答：根据《民用航空法》第 125 条第 4 款的规定，因发生在航空运输期间的事件，造成货物毁灭、遗失或者损坏的，承运人应当承担责任；但是，承运人证明货物的毁灭、遗失或者损坏完全是由于下列原因之一造成的，不承担责任：（1）货物本身的自然属性、质量或者缺陷；（2）承运人或者其受雇人、代理人以外的人包装货物的，货物包装不良；（3）战争或者武装冲突；（4）政府有关部门实施的与货物入境、出境或者过境有关的行为。

◆ **第一千二百三十九条　高度危险物致害责任**

占有或者使用易燃、易爆、剧毒、高放射性、强腐蚀性、高致病性等高度危险物造成他人损害的，<u>占有人或者使用人应当承担侵权责任</u>；但是，能够证明损害是因受害人故意或者不可抗力造成的，不承担责任。被侵权人对损害的发生有重大过失的，可以减轻占有人或者使用人的责任。

实用问答

造成水污染损害的，哪种情况下排污方可以不承担或减轻赔偿责任？

答：根据《水污染防治法》第 96 条第 2～4 款的规定，由于不可抗力造成水污染损害的，排污方不承担赔偿责任；法律另有规定的除外。水污染损害是由受害人故意造成的，排污方不承担赔偿责任。水污染损害是由受害人重大过失造成的，可以减轻排污方的赔偿责任。水污染损害是由第三人造成的，排污方承担赔偿责任后，有权向第三人追偿。

◆ **第一千二百四十条　从事高空、高压、地下挖掘活动或者使用高速轨道运输工具致害责任**

从事高空、高压、地下挖掘活动或者使用高速轨道运输工具造成他人损害的，<u>经营者应当承担侵权责任</u>；但是，能够证明损害是因受害人故意或者不可抗力造成的，<u>不承担责任</u>。被侵权人对损害的发生有重大过失的，可以减轻经营者的责任。

名词解释

<u>高度危险作业</u>，是指高空、高压、地下挖掘活动和使用高速轨道运输工具的活动。

◆ **第一千二百四十一条　遗失、抛弃高度危险物致害责任**

遗失、抛弃高度危险物造成他人损害的，<u>由所有人承担侵权责任</u>。所有人将高度危险物交由他人管理的，<u>由管理人承担侵权责任</u>；所有人有过错的，<u>与管理人承担连带责任</u>。

实用问答

景区、住宿经营者将其经营项目交由他人经营，给旅游者造成损害的，是否应当承担连带责任？

答：根据《旅游法》第54条的规定，景区、住宿经营者将其部分经营项目或者场地交由他人从事住宿、餐饮、购物、游览、娱乐、旅游交通等经营的，应当对实际经营者的经营行为给旅游者造成的损害承担连带责任。

◆ **第一千二百四十二条　非法占有高度危险物致害责任**

非法占有高度危险物造成他人损害的，由非法占有人承担侵权责任。所有人、管理人不能证明对防止非法占有尽到高度注意义务的，与非法占有人承担连带责任。

名词解释

非法占有，是指明知自己无权占有，而通过非法手段将他人的物品占为己有。

◆ **第一千二百四十三条　高度危险场所安全保障责任**

未经许可进入高度危险活动区域或者高度危险物存放区域受到损害，管理人能够证明已经采取足够安全措施并尽到充分警示义务的，可以减轻或者不承担责任。

实用问答

1. 铁路运输企业已履行安全防护、警示义务，受害人依然强行通过铁路平交道口、人行过道，或者明知危险后果仍然无视警示规定沿铁路线路纵向行走、坐卧故意造成人身损害的，铁路运输企业是否需要承担赔偿责任？

答：根据《最高人民法院关于审理铁路运输人身损害赔偿纠纷案件适用法律若干问题的解释》第 6 条第 2 款的规定，铁路运输企业已充分履行安全防护、警示等义务，受害人不听从值守人员劝阻强行通过铁路平交道口、人行过道，或者明知危险后果仍然无视警示规定沿铁路线路纵向行走、坐卧故意造成人身损害的，铁路运输企业不承担赔偿责任，但是有证据证明并非受害人故意造成损害的除外。

2. 依法不得进入高速公路的车辆、行人，进入高速公路发生交通事故造成自身损害的，高速公路管理者是否需要承担赔偿责任？

答：根据《最高人民法院关于审理道路交通事故损害赔偿案件适用法律若干问题的解释》第 7 条第 2 款的规定，依法不得进入高速公路的车辆、行人，进入高速公路发生交通事故造成自身损害，当事人请求高速公路管理者承担赔偿责任的，适用《民法典》第 1243 条的规定。

◆ **第一千二百四十四条　高度危险责任赔偿限额**

承担高度危险责任，法律规定赔偿限额的，依照其规定，但是行为人有故意或者重大过失的除外。

实用问答

1. 国内航空运输承运人的赔偿责任限额如何确定？

答：根据《国内航空运输承运人赔偿责任限额规定》第 3 条的规定，除《民用航空法》另有规定的外，国内航空运输承运人应当在下列规定的赔偿责任限额内按照实际损害承担赔偿责任：（1）对每名旅客的赔偿责任限额为人民币 40 万元；（2）对每名旅客随身携带物品的赔偿责任限额为人民币 3000 元；（3）对旅客托运的行李和对运输的货物的赔偿责任限额，为每公斤人民币 100 元。

2. 国际航空运输承运人的赔偿责任限额如何确定？

答：根据《民用航空法》第 129 条的规定，国际航空运输承运人的赔偿责任限额按照下列规定执行：（1）对每名旅客的赔偿责任限额为 16600 计算单位；但是，旅客可以同承运人书面约定高于本项规定的赔偿责任限额。(2) 对托运行李或者货物的赔偿责任限额，每公斤为 17 计算单位。旅客或者托运人在交运托运行李或者货物时，特别声明在目的地点交付时的利益，并在必要时支付附加费的，除承运人证明旅客或者托运人声明的金额高于托运行李或者货物在目的地点交付时的实际利益外，承运人应当在声明金额范围内承担责任。托运行李或者货物的一部分或者托运行李、货物中的任何物件毁灭、遗失、损坏或者延误的，用以确定承运人赔偿责任限额的重量，仅为该一包件或者数包件的总重量；但是，因托运行李或者货物的一部分或者托运行李、货物中的任何物件的毁灭、遗失、损坏或者延误，影响同一份行李票或者同一份航空货运单所列其他包件的价值的，确定承运人的赔偿责任限额时，此种包件的总重量也应当考虑在内。(3) 对每名旅客随身携带的物品的赔偿责任限额为 332 计算单位。

3. 我国民用核设施发生核事故致人损害的赔偿限额是如何规定的？

答：根据《国务院关于核事故损害赔偿责任问题的批复》第 7 条的规定，核电站的营运者和乏燃料贮存、运输、后处理的营运者，对一次核事故所造成的核事故损害的最高赔偿额为 3 亿元人民币；其他营运者对一次核事故所造成的核事故损害的最高赔偿额为 1 亿元人民币。核事故损害的应赔总额超过规定的最高赔偿额的，国家提供最高限额为 8 亿元人民币的财政补偿。对非常核事故造成的核事故损害赔偿，需要国家增加财政补偿金额的由国务院评估后决定。

第九章 饲养动物损害责任

◆ **第一千二百四十五条　饲养动物致害责任的一般规定**

饲养的动物造成他人损害的，动物饲养人或者管理人应当承担侵权责任；但是，能够证明损害是因被侵权人故意或者重大过失造成的，可以不承担或者减轻责任。

名词解释

动物的饲养人，是指动物的所有人，即对动物享有占有、使用、收益、处分权的人。

动物的管理人，是指实际控制和管束动物的人，管理人对动物不享有所有权，而只是根据某种法律关系直接占有和控制动物。

实用问答

1. 动物致人损害的构成要件是什么？

答：动物致人损害的构成要件包括：（1）饲养的动物；（2）动物的加害行为；（3）造成他人损害的事实；（4）动物加害行为与损害之间的因果关系。

2. "饲养的动物"应具备哪些条件？

答："饲养的动物"应同时具备以下条件：（1）为特定的人所有或者占有；（2）饲养人或者管理人对动物具有适当程度的控制力；（3）依动物自身的特性，有可能对他人的人身或者财产造成损害；

（4）该动物为家畜、家禽、宠物或者驯养的野兽、爬行类动物等。

◆ **第一千二百四十六条　违反规定未对动物采取安全措施致害责任**

违反管理规定，未对动物采取安全措施造成他人损害的，动物饲养人或者管理人应当承担侵权责任；但是，能够证明损害是因被侵权人故意造成的，可以减轻责任。

实用问答

人工繁育的野生动物造成他人损害的，由谁承担法律责任？

答：根据《野生动物保护法》第27条的规定，人工繁育野生动物应当采取安全措施，防止野生动物伤人和逃逸。人工繁育的野生动物造成他人损害、危害公共安全或者破坏生态的，饲养人、管理人等应当依法承担法律责任。

◆ **第一千二百四十七条　禁止饲养的危险动物致害责任**

禁止饲养的烈性犬等危险动物造成他人损害的，动物饲养人或者管理人应当承担侵权责任。

实用问答

禁止饲养的烈性犬等危险动物造成他人损害，动物饲养人或者管理人是否可以主张不承担责任或者减轻责任？

答：根据《最高人民法院关于适用〈中华人民共和国民法典〉侵权责任编的解释（一）》第23条的规定，禁止饲养的烈性犬等危险动物造成他人损害，动物饲养人或者管理人主张不承担责任或者减轻责任的，人民法院不予支持。

典型案例

徐某某诉刘某某饲养动物损害责任纠纷案①

要旨 禁止饲养的烈性犬、大型犬造成他人损害与一般犬只造成他人损害在适用法律、举证责任分配上均不同。禁止饲养的烈性犬等危险动物造成他人损害的，饲养人、管理人承担非常严格的无过错责任，其没有任何的免责事由可以援引，显然其承担着更重的法律责任。本案明确认定禁止饲养的大型犬饲养人就被侵权人支出的合理费用承担全部赔偿责任，就是落实危险动物饲养人的法律责任和社会责任，引导饲养人、管理人遵守法律法规，牢固树立文明养犬、依规养犬观念。本案裁判结果对营造安全舒适的居住环境，建设和谐文明城市具有积极的促进作用。

◆ **第一千二百四十八条　动物园的动物致害责任**

动物园的动物造成他人损害的，动物园应当承担侵权责任；但是，能够证明尽到管理职责的，不承担侵权责任。

实用问答

因保护《野生动物保护法》规定保护的野生动物，造成人员伤亡、农作物或者其他财产损失的，如何采取救济措施？

答：根据《野生动物保护法》第19条第1款、第2款的规定，

---

① 参见《最高人民法院发布饲养动物损害责任典型案例》之一，载最高人民法院网2024年2月5日，https：//www.court.gov.cn/zixun/xiangqing/424922.html。

因保护《野生动物保护法》规定保护的野生动物，造成人员伤亡、农作物或者其他财产损失的，由当地人民政府给予补偿。具体办法由省、自治区、直辖市人民政府制定。有关地方人民政府可以推动保险机构开展野生动物致害赔偿保险业务。有关地方人民政府采取预防、控制国家重点保护野生动物和其他致害严重的陆生野生动物造成危害的措施以及实行补偿所需经费，由中央财政予以补助。具体办法由国务院财政部门会同国务院野生动物保护主管部门制定。

◆ **第一千二百四十九条　遗弃、逃逸的动物致害责任**

遗弃、逃逸的动物在遗弃、逃逸期间造成他人损害的，由动物原饲养人或者管理人承担侵权责任。

◆ **第一千二百五十条　因第三人的过错致使动物致害责任**

因第三人的过错致使动物造成他人损害的，被侵权人可以向动物饲养人或者管理人请求赔偿，也可以向第三人请求赔偿。动物饲养人或者管理人赔偿后，有权向第三人追偿。

◆ **第一千二百五十一条　饲养动物应履行的义务**

饲养动物应当遵守法律法规，尊重社会公德，不得妨碍他人生活。

第十章 建筑物和物件损害责任

◆ **第一千二百五十二条 建筑物、构筑物或者其他设施倒塌、塌陷致害责任**

建筑物、构筑物或者其他设施倒塌、塌陷造成他人损害的，由建设单位与施工单位承担连带责任，但是建设单位与施工单位能够证明不存在质量缺陷的除外。建设单位、施工单位赔偿后，有其他责任人的，有权向其他责任人追偿。

因所有人、管理人、使用人或者第三人的原因，建筑物、构筑物或者其他设施倒塌、塌陷造成他人损害的，由所有人、管理人、使用人或者第三人承担侵权责任。

实用问答

1. 建筑设计单位不按照建筑工程质量、安全标准进行设计的，应当如何处罚？

答：根据《建筑法》第73条的规定，建筑设计单位不按照建筑工程质量、安全标准进行设计的，责令改正，处以罚款；造成工程质量事故的，责令停业整顿，降低资质等级或者吊销资质证书，没收违法所得，并处罚款；造成损失的，承担赔偿责任；构成犯罪的，依法追究刑事责任。

2. 工程质量应当由谁负责？

答：根据《建筑法》第55条的规定，建筑工程实行总承包的，工程质量由工程总承包单位负责，总承包单位将建筑工程分包给其他单位的，应当对分包工程的质量与分包单位承担连带责任。分包单位应当接受总承包单位的质量管理。

3.《民法典》第 1252 条第 1 款规定的"其他责任人"，主要包括哪些范围？

答：一是勘察单位、设计单位等。根据《建筑法》第 56 条、第 73 条的规定，建筑工程的勘察、设计单位必须对其勘察、设计的质量负责。勘察、设计文件应当符合有关法律、行政法规的规定和建筑工程质量、安全标准、建筑工程勘察、设计技术规范以及合同的约定。设计文件选用的建筑材料、建筑构配件和设备，应当注明其规格、型号、性能等技术指标，其质量要求必须符合国家规定的标准。建筑设计单位不按照建筑工程质量、安全标准进行设计，造成损失的，承担赔偿责任。

二是监理单位。《建筑法》第 35 条规定，工程监理单位不按照委托监理合同的约定履行监理义务，对应当监督检查的项目不检查或者不按照规定检查，给建设单位造成损失的，应当承担相应的赔偿责任。工程监理单位与承包单位串通，为承包单位谋取非法利益，给建设单位造成损失的，应当与承包单位承担连带赔偿责任。

三是勘察、设计、监理单位以外的责任人。例如，根据《建筑法》第 79 条的规定，负责颁发建筑工程施工许可证的部门及其工作人员对不符合施工条件的建筑工程颁发施工许可证，负责工程质量监督检查或者竣工验收的部门及其工作人员对不合格的建筑工程出具质量合格文件或者按合格工程验收，造成损失的，由该部门承担相应的赔偿责任。

4. 房屋建筑使用者在装修过程中擅自变动房屋建筑主体和承重结构，或者没有设计方案擅自施工，造成损失的，应承担何种法律责任？

答：根据《建设工程质量管理条例》第 69 条的规定，违反《建设工程质量管理条例》的规定，涉及建筑主体或者承重结构变动的装修工程，没有设计方案擅自施工的，责令改正，处50万元以上100万元以下的罚款；房屋建筑使用者在装修过程中擅自变动房屋建筑主体和承重结构的，责令改正，处5万元以上10万元以下的罚款。有前述所列行为，造成损失的，依法承担赔偿责任。

◆ **第一千二百五十三条　建筑物、构筑物或者其他设施及其搁置物、悬挂物脱落、坠落致害责任**

建筑物、构筑物或者其他设施及其搁置物、悬挂物发生脱落、坠落造成他人损害，所有人、管理人或者使用人不能证明自己没有过错的，应当承担侵权责任。所有人、管理人或者使用人赔偿后，有其他责任人的，有权向其他责任人追偿。

◆ **第一千二百五十四条　从建筑物中抛掷物、坠落物致害责任**

禁止从建筑物中抛掷物品。从建筑物中抛掷物品或者从建筑物上坠落的物品造成他人损害的，由侵权人依法承担侵权责任；经调查难以确定具体侵权人的，除能够证明自己不是侵权人的外，由可能加害的建筑物使用人给予补偿。可能加害的建筑物使用人补偿后，有权向侵权人追偿。

物业服务企业等建筑物管理人应当采取必要的安全保障措施防止前款规定情形的发生；未采取必要的安全保障措施的，应当依法承担未履行安全保障义务的侵权责任。

发生本条第一款规定的情形的，公安等机关应当依法及时调查，查清责任人。

实用问答

1. 物业服务企业等建筑物管理人未采取必要的安全保障措施防止从建筑物中抛掷物品或者从建筑物上坠落的物品造成他人损害，具体侵权人、物业服务企业等建筑物管理人作为共同被告的，未采取必要安全保障措施的物业服务企业等建筑物管理人应当如何承担侵权责任？

答：根据《最高人民法院关于适用〈中华人民共和国民法典〉侵权责任编的解释（一）》第24条的规定，物业服务企业等建筑物管理人未采取必要的安全保障措施防止从建筑物中抛掷物品或者从建筑物上坠落的物品造成他人损害，具体侵权人、物业服务企业等建筑物管理人作为共同被告的，人民法院应当依照《民法典》第1198条第2款、第1254条的规定，在判决中明确，未采取必要安全保障措施的物业服务企业等建筑物管理人在人民法院就具体侵权人的财产依法强制执行后仍不能履行的范围内，承担与其过错相应的补充责任。

2. 物业服务企业等建筑物管理人未采取必要的安全保障措施防止从建筑物中抛掷物品或者从建筑物上坠落的物品造成他人损害，经公安等机关调查，在民事案件一审法庭辩论终结前仍难以确定具体侵权人的，应当由谁承担侵权责任？具体侵权人确定后，已经承担责任的物业服务企业等建筑物管理人、可能加害的建筑物使用人是否可以向具体侵权人追偿？

答：根据《最高人民法院关于适用〈中华人民共和国民法典〉侵权责任编的解释（一）》第25条的规定，物业服务企业等建筑物管理人未采取必要的安全保障措施防止从建筑物中抛掷物品或者从建筑物上坠落的物品造成他人损害，经公安等机关调查，在民事案件一审法庭辩论终结前仍难以确定具体侵权人的,未采取必要安全保障措施的物业服务企业等建筑物管理人承担与其过错相应的责任。被侵权人其余部分的损害,由可能加害的建筑物使用人给予适当补偿。

具体侵权人确定后,已经承担责任的物业服务企业等建筑物管理人、可能加害的建筑物使用人向具体侵权人追偿的,人民法院依照《民法典》第1198条第2款、第1254条第1款的规定予以支持。

典型案例

庾某娴诉黄某辉高空抛物损害责任纠纷案[①]

要旨 本案是人民法院首次适用《民法典》第1254条判决高空抛物者承担赔偿责任,切实维护人民群众"头顶上的安全"的典型案例。《民法典》侵权责任编明确禁止从建筑物中抛掷物品,进一步完善了高空抛物的治理规则。本案依法判决高空抛物者承担赔偿责任,有利于通过公正裁判树立行为规则,进一步强化高空抛物、坠物行为预防和惩治工作,也有利于更好地保障居民合法权益,切实增强人民群众的幸福感、安全感。

◆ **第一千二百五十五条　堆放物倒塌、滚落或者滑落致害责任**

> 堆放物倒塌、滚落或者滑落造成他人损害,堆放人不能证明自己没有过错的,应当承担侵权责任。

[①] 参见《最高人民法院发布人民法院贯彻实施民法典典型案例(第一批)》之十三,载中国法院网 2022 年 2 月 25 日,https：//www.chinacourt.org/article/detail/2022/02/id/6547882.shtml。

◆ 第一千二百五十六条　在公共道路上堆放、倾倒、遗撒妨碍通行的物品致害责任

在公共道路上堆放、倾倒、遗撒妨碍通行的物品造成他人损害的，<u>由行为人承担侵权责任</u>。公共道路管理人不能证明已经尽到清理、防护、警示等义务的，应当承担相应的责任。

实用问答

怎样理解堆放、倾倒、遗撒妨碍通行物？

答：堆放、倾倒、遗撒妨碍通行物，是指在公共道路上堆放、倾倒、遗撒物品，影响他人对该公共道路正常、合理的使用。在公共道路上堆放、倾倒、遗撒妨碍通行物，既可以是堆放、倾倒、遗撒固体物，如在公共道路上非法设置路障、晾晒粮食、倾倒垃圾等；也可以是倾倒液体、排放气体，如运油车将石油泄漏到公路上、非法向道路排水、热力井向道路散发出大量蒸汽等。

典型案例

姚某民与东台市城市管理局、东台市环境卫生管理处公共道路妨碍通行责任纠纷案[①]

要旨　在公共交通道路上堆放、倾倒、遗撒妨碍他人通行的物品，无法确定具体行为人时，环卫机构作为具体负责道路清扫的责任单位，应当根据路面的实际情

---

① 参见《最高人民法院公报》2015年第1期。

况制定相应的巡查频率和保洁制度，并在每次巡查保洁后保存相应的记录，保持路面基本见本色，保障安全通行。环卫机构未能提供其巡回保洁和及时清理的相关记录，应当认定其未尽到清理、保洁的义务，对他人因此受伤产生的损失，依法应承担相应的赔偿责任。

◆ **第一千二百五十七条　林木折断、倾倒或者果实坠落等致人损害的侵权责任**

因林木折断、倾倒或者果实坠落等造成他人损害，林木的所有人或者管理人不能证明自己没有过错的，应当承担侵权责任。

实用问答

如何确定林木的所有人或者管理人？

答：根据《森林法》第20条的规定，国有企业事业单位、机关、团体、部队营造的林木，由营造单位管护并按照国家规定支配林木收益。农村居民在房前屋后、自留地、自留山种植的林木，归个人所有。城镇居民在自有房屋的庭院内种植的林木，归个人所有。集体或者个人承包国家所有和集体所有的宜林荒山荒地荒滩营造的林木，归承包的集体或者个人所有；合同另有约定的从其约定。其他组织或者个人营造的林木，依法由营造者所有并享有林木收益；合同另有约定的从其约定。

◆ **第一千二百五十八条 公共场所或者道路上施工致害责任和窨井等地下设施致害责任**

在公共场所或者道路上挖掘、修缮安装地下设施等造成他人损害，施工人不能证明已经设置明显标志和采取安全措施的，应当承担侵权责任。

窨井等地下设施造成他人损害，管理人不能证明尽到管理职责的，应当承担侵权责任。

名词解释

窨井，是指上下水道或者其他地下管线工程中，为便于检查或疏通而设置的井状构筑物。

实用问答

1. 施工作业单位在施工时如何采取防范措施保障交通安全？

答：根据《道路交通安全法》第32条的规定，因工程建设需要占用、挖掘道路，或者跨越、穿越道路架设、增设管线设施，应当事先征得道路主管部门的同意；影响交通安全的，还应当征得公安机关交通管理部门的同意。

施工作业单位应当在经批准的路段和时间内施工作业，并在距离施工作业地点来车方向安全距离处设置明显的安全警示标志，采取防护措施；施工作业完毕，应当迅速清除道路上的障碍物，消除安全隐患，经道路主管部门和公安机关交通管理部门验收合格，符合通行要求后，方可恢复通行。

对未中断交通的施工作业道路，公安机关交通管理部门应当加强交通安全监督检查，维护道路交通秩序。

2. 改建公路时施工单位如何采取防范措施保障交通安全?

答:依照《公路法》第 32 条的规定,改建公路时,施工单位应当在施工路段两端设置明显的施工标志、安全标志。需要车辆绕行的,应当在绕行路口设置标志;不能绕行的,必须修建临时道路,保证车辆和行人通行。

附录

最高人民法院关于适用
《中华人民共和国民法典》
侵权责任编的解释（一）

（2023年12月18日最高人民法院审判委员会第1909次会议通过　2024年9月25日公布　法释〔2024〕12号　自2024年9月27日起施行）

为正确审理侵权责任纠纷案件，根据《中华人民共和国民法典》《中华人民共和国民事诉讼法》等法律规定，结合审判实践，制定本解释。

第一条　非法使被监护人脱离监护，监护人请求赔偿为恢复监护状态而支出的合理费用等财产损失的，人民法院应予支持。

第二条　非法使被监护人脱离监护，导致父母子女关系或者其他近亲属关系受到严重损害的，应当认定为民法典第一千一百八十三条第一款规定的严重精神损害。

第三条　非法使被监护人脱离监护，被监护人在脱离监护期间死亡，作为近亲属的监护人既请求赔偿人身损害，又请求赔偿监护关系受侵害产生的损失的，人民法院依法予以支持。

第四条　无民事行为能力人、限制民事行为能力人造成他人损害，被侵权人请求监护人承担侵权责任，或者合并请求监护人和受托履行监护职责的人承担侵权责任的，人民法院应当将无民事行为能力人、限制民事行为能力人列为共同被告。

第五条　无民事行为能力人、限制民事行为能力人造成他人损害，被侵权人请求监护人承担侵权人应承担的全部责任的，人民法院应予支持，并在判决中明确，赔偿费用可以先从被监护人财产中支付，不足部分由监护人支付。

监护人抗辩主张承担补充责任，或者被侵权人、监护人主张人民法院判令有财产的无民事行为能力人、限制民事行为能力人承担赔偿责任的，人民法院不予支持。

从被监护人财产中支付赔偿费用的，应当保留被监护人所必需的生活费和完成义务教育所必需的费用。

第六条　行为人在侵权行为发生时不满十八周岁，被诉时已满十八周岁的，被侵权人请求原监护人承担侵权人应承担的全部责任的，人民法院应予支持，并在判决中明确，赔偿费用可以先从被监护人财产中支付，不足部分由监护人支付。

前款规定情形，被侵权人仅起诉行为人的，人民法院应当向原告释明申请追加原监护人为共同被告。

第七条　未成年子女造成他人损害，被侵权人请求父母共同承担侵权责任的，人民法院依照民法典第二十七条第一款、第一千零六十八条以及第一千一百八十八条的规定予以支持。

第八条　夫妻离婚后，未成年子女造成他人损害，被侵权人请求离异夫妻共同承担侵权责任的，人民法院依照民法典第一千零六十八条、第一千零八十四条以及第一千一百八十八条的规定予以支持。一方以未与该子女共同生活为由主张不承担或者少承担责任的，人民法院不予支持。

离异夫妻之间的责任份额，可以由双方协议确定；协议不成的，人民法院可以根据双方履行监护职责的约定和实际履行情况等确定。实际承担责任超过自己责任份额的一方向另一方追偿的，人民法院应予支持。

第九条 未成年子女造成他人损害的，依照民法典第一千零七十二条第二款的规定，未与该子女形成抚养教育关系的继父或者继母不承担监护人的侵权责任，由该子女的生父母依照本解释第八条的规定承担侵权责任。

第十条 无民事行为能力人、限制民事行为能力人造成他人损害，被侵权人合并请求监护人和受托履行监护职责的人承担侵权责任的，依照民法典第一千一百八十九条的规定，监护人承担侵权人应承担的全部责任；受托人在过错范围内与监护人共同承担责任，但责任主体实际支付的赔偿费用总和不应超出被侵权人应受偿的损失数额。

监护人承担责任后向受托人追偿的，人民法院可以参照民法典第九百二十九条的规定处理。

仅有一般过失的无偿受托人承担责任后向监护人追偿的，人民法院应予支持。

第十一条 教唆、帮助无民事行为能力人、限制民事行为能力人实施侵权行为，教唆人、帮助人以其不知道且不应当知道行为人为无民事行为能力人、限制民事行为能力人为由，主张不承担侵权责任或者与行为人的监护人承担连带责任的，人民法院不予支持。

第十二条 教唆、帮助无民事行为能力人、限制民事行为能力人实施侵权行为，被侵权人合并请求教唆人、帮助人以及监护人承担侵权责任的，依照民法典第一千一百六十九条第二款的规定，教唆人、帮助人承担侵权人应承担的全部责任；监护人在未尽到监护职责的范围内与教唆人、帮助人共同承担责任，但责任主体实际支付的赔偿费用总和不应超出被侵权人应受偿的损失数额。

监护人先行支付赔偿费用后，就超过自己相应责任的部分向教唆人、帮助人追偿的，人民法院应予支持。

第十三条　教唆、帮助无民事行为能力人、限制民事行为能力人实施侵权行为，被侵权人合并请求教唆人、帮助人与监护人以及受托履行监护职责的人承担侵权责任的，依照本解释第十条、第十二条的规定认定民事责任。

第十四条　无民事行为能力人或者限制民事行为能力人在幼儿园、学校或者其他教育机构学习、生活期间，受到教育机构以外的第三人人身损害，第三人、教育机构作为共同被告且依法应承担侵权责任的，人民法院应当在判决中明确，教育机构在人民法院就第三人的财产依法强制执行后仍不能履行的范围内，承担与其过错相应的补充责任。

被侵权人仅起诉教育机构的，人民法院应当向原告释明申请追加实施侵权行为的第三人为共同被告。

第三人不确定的，未尽到管理职责的教育机构先行承担与其过错相应的责任；教育机构承担责任后向已经确定的第三人追偿的，人民法院依照民法典第一千二百零一条的规定予以支持。

第十五条　与用人单位形成劳动关系的工作人员、执行用人单位工作任务的其他人员，因执行工作任务造成他人损害，被侵权人依照民法典第一千一百九十一条第一款的规定，请求用人单位承担侵权责任的，人民法院应予支持。

个体工商户的从业人员因执行工作任务造成他人损害的，适用民法典第一千一百九十一条第一款的规定认定民事责任。

第十六条　劳务派遣期间，被派遣的工作人员因执行工作任务造成他人损害，被侵权人合并请求劳务派遣单位与接受劳务派遣的用工单位承担侵权责任的，依照民法典第一千一百九十一条第二款的规定，接受劳务派遣的用工单位承担侵权人应承担的全部责任；劳务派遣单位在不当选派工作人员、未依法履行培训义务等过错范围内，与接受劳务派遣的用工单位共同承担责任，但责任主体实际支付的赔偿费用总和不应超出被侵权人应受偿的损失数额。

劳务派遣单位先行支付赔偿费用后，就超过自己相应责任的部分向接受劳务派遣的用工单位追偿的，人民法院应予支持，但双方另有约定的除外。

第十七条 工作人员在执行工作任务中实施的违法行为造成他人损害，构成自然人犯罪的，工作人员承担刑事责任不影响用人单位依法承担民事责任。依照民法典第一千一百九十一条规定用人单位应当承担侵权责任的，在刑事案件中已完成的追缴、退赔可以在民事判决书中明确并扣减，也可以在执行程序中予以扣减。

第十八条 承揽人在完成工作过程中造成第三人损害的，人民法院依照民法典第一千一百六十五条的规定认定承揽人的民事责任。

被侵权人合并请求定作人和承揽人承担侵权责任的，依照民法典第一千一百六十五条、第一千一百九十三条的规定，造成损害的承揽人承担侵权人应承担的全部责任；定作人在定作、指示或者选任过错范围内与承揽人共同承担责任，但责任主体实际支付的赔偿费用总和不应超出被侵权人应受偿的损失数额。

定作人先行支付赔偿费用后，就超过自己相应责任的部分向承揽人追偿的，人民法院应予支持，但双方另有约定的除外。

第十九条 因产品存在缺陷造成买受人财产损害，买受人请求产品的生产者或者销售者赔偿缺陷产品本身损害以及其他财产损害的，人民法院依照民法典第一千二百零二条、第一千二百零三条的规定予以支持。

第二十条 以买卖或者其他方式转让拼装或者已经达到报废标准的机动车，发生交通事故造成损害，转让人、受让人以其不知道且不应当知道该机动车系拼装或者已经达到报废标准为由，主张不承担侵权责任的,人民法院不予支持。

第二十一条 未依法投保强制保险的机动车发生交通事故造成损害,投保义务人和交通事故责任人不是同一人,被侵权人合并请求投保义务人和交通事故责任人承担侵权责任的,交通事故责任人承担侵权人应承担的全部责任;投保义务人在机动车强制保险责任限额范围内与交通事故责任人共同承担责任,但责任主体实际支付的赔偿费用总和不应超出被侵权人应受偿的损失数额。

投保义务人先行支付赔偿费用后,就超出机动车强制保险责任限额范围部分向交通事故责任人追偿的,人民法院应予支持。

第二十二条 机动车驾驶人离开本车后,因未采取制动措施等自身过错受到本车碰撞、碾压造成损害,机动车驾驶人请求承保本车机动车强制保险的保险人在强制保险责任限额范围内,以及承保本车机动车商业第三者责任保险的保险人按照保险合同的约定赔偿的,人民法院不予支持,但可以依据机动车车上人员责任保险的有关约定支持相应的赔偿请求。

第二十三条 禁止饲养的烈性犬等危险动物造成他人损害,动物饲养人或者管理人主张不承担责任或者减轻责任的,人民法院不予支持。

第二十四条 物业服务企业等建筑物管理人未采取必要的安全保障措施防止从建筑物中抛掷物品或者从建筑物上坠落的物品造成他人损害,具体侵权人、物业服务企业等建筑物管理人作为共同被告的,人民法院应当依照民法典第一千一百九十八条第二款、第一千二百五十四条的规定,在判决中明确,未采取必要安全保障措施的物业服务企业等建筑物管理人在人民法院就具体侵权人的财产依法强制执行后仍不能履行的范围内,承担与其过错相应的补充责任。

第二十五条 物业服务企业等建筑物管理人未采取必要的安全

保障措施防止从建筑物中抛掷物品或者从建筑物上坠落的物品造成他人损害,经公安等机关调查,在民事案件一审法庭辩论终结前仍难以确定具体侵权人的,未采取必要安全保障措施的物业服务企业等建筑物管理人承担与其过错相应的责任。被侵权人其余部分的损害,由可能加害的建筑物使用人给予适当补偿。

具体侵权人确定后,已经承担责任的物业服务企业等建筑物管理人、可能加害的建筑物使用人向具体侵权人追偿的,人民法院依照民法典第一千一百九十八条第二款、第一千二百五十四条第一款的规定予以支持。

第二十六条 本解释自 2024 年 9 月 27 日起施行。

本解释施行后,人民法院尚未审结的一审、二审案件适用本解释。本解释施行前已经终审,当事人申请再审或者按照审判监督程序决定再审的,适用当时的法律、司法解释规定。

最高人民法院关于审理生态环境侵权责任纠纷案件适用法律若干问题的解释

(2023 年 6 月 5 日最高人民法院审判委员会第 1890 次会议通过 2023 年 8 月 14 日公布 法释〔2023〕5 号 自 2023 年 9 月 1 日起施行)

为正确审理生态环境侵权责任纠纷案件,依法保护当事人合法权益,根据《中华人民共和国民法典》《中华人民共和国民事诉讼法》《中华人民共和国环境保护法》等法律的规定,结合审判实践,制定本解释。

第一条 侵权人因实施下列污染环境、破坏生态行为造成他人人身、财产损害，被侵权人请求侵权人承担生态环境侵权责任的，人民法院应予支持：

（一）排放废气、废水、废渣、医疗废物、粉尘、恶臭气体、放射性物质等污染环境的；

（二）排放噪声、振动、光辐射、电磁辐射等污染环境的；

（三）不合理开发利用自然资源的；

（四）违反国家规定，未经批准，擅自引进、释放、丢弃外来物种的；

（五）其他污染环境、破坏生态的行为。

第二条 因下列污染环境、破坏生态引发的民事纠纷，不作为生态环境侵权案件处理：

（一）未经由大气、水、土壤等生态环境介质，直接造成损害的；

（二）在室内、车内等封闭空间内造成损害的；

（三）不动产权利人在日常生活中造成相邻不动产权利人损害的；

（四）劳动者在职业活动中受到损害的。

前款规定的情形，依照相关法律规定确定民事责任。

第三条 不动产权利人因经营活动污染环境、破坏生态造成相邻不动产权利人损害，被侵权人请求其承担生态环境侵权责任的，人民法院应予支持。

第四条 污染环境、破坏生态造成他人损害，行为人不论有无过错，都应当承担侵权责任。

行为人以外的其他责任人对损害发生有过错的，应当承担侵权责任。

第五条　两个以上侵权人分别污染环境、破坏生态造成同一损害，每一个侵权人的行为都足以造成全部损害，被侵权人根据民法典第一千一百七十一条的规定请求侵权人承担连带责任的，人民法院应予支持。

第六条　两个以上侵权人分别污染环境、破坏生态，每一个侵权人的行为都不足以造成全部损害，被侵权人根据民法典第一千一百七十二条的规定请求侵权人承担责任的，人民法院应予支持。

侵权人主张其污染环境、破坏生态行为不足以造成全部损害的，应当承担相应举证责任。

第七条　两个以上侵权人分别污染环境、破坏生态，部分侵权人的行为足以造成全部损害，部分侵权人的行为只造成部分损害，被侵权人请求足以造成全部损害的侵权人对全部损害承担责任，并与其他侵权人就共同造成的损害部分承担连带责任的，人民法院应予支持。

被侵权人依照前款规定请求足以造成全部损害的侵权人与其他侵权人承担责任的，受偿范围应以侵权行为造成的全部损害为限。

第八条　两个以上侵权人分别污染环境、破坏生态，部分侵权人能够证明其他侵权人的侵权行为已先行造成全部或者部分损害，并请求在相应范围内不承担责任或者减轻责任的，人民法院应予支持。

第九条　两个以上侵权人分别排放的物质相互作用产生污染物造成他人损害，被侵权人请求侵权人承担连带责任的，人民法院应予支持。

第十条　为侵权人污染环境、破坏生态提供场地或者储存、运输等帮助，被侵权人根据民法典第一千一百六十九条的规定请求行为人与侵权人承担连带责任的，人民法院应予支持。

第十一条　过失为侵权人污染环境、破坏生态提供场地或者储存、运输等便利条件，被侵权人请求行为人承担与过错相适应责任的，人民法院应予支持。

前款规定的行为人存在重大过失的，依照本解释第十条的规定处理。

第十二条　排污单位将所属的环保设施委托第三方治理机构运营，第三方治理机构在合同履行过程中污染环境造成他人损害，被侵权人请求排污单位承担侵权责任的，人民法院应予支持。

排污单位依照前款规定承担责任后向有过错的第三方治理机构追偿的，人民法院应予支持。

第十三条　排污单位将污染物交由第三方治理机构集中处置，第三方治理机构在合同履行过程中污染环境造成他人损害，被侵权人请求第三方治理机构承担侵权责任的，人民法院应予支持。

排污单位在选任、指示第三方治理机构中有过错，被侵权人请求排污单位承担相应责任的，人民法院应予支持。

第十四条　存在下列情形之一的，排污单位与第三方治理机构应当根据民法典第一千一百六十八条的规定承担连带责任：

（一）第三方治理机构按照排污单位的指示，违反污染防治相关规定排放污染物的；

（二）排污单位将明显存在缺陷的环保设施交由第三方治理机构运营，第三方治理机构利用该设施违反污染防治相关规定排放污染物的；

（三）排污单位以明显不合理的价格将污染物交由第三方治理机构处置，第三方治理机构违反污染防治相关规定排放污染物的；

（四）其他应当承担连带责任的情形。

第十五条　公司污染环境、破坏生态，被侵权人请求股东承担责任，符合公司法第二十条规定情形的，人民法院应予支持。

第十六条 侵权人污染环境、破坏生态造成他人损害，被侵权人请求未尽到安全保障义务的经营场所、公共场所的经营者、管理者或者群众性活动的组织者承担相应补充责任的，人民法院应予支持。

第十七条 依照法律规定应当履行生态环境风险管控和修复义务的民事主体，未履行法定义务造成他人损害，被侵权人请求其承担相应责任的，人民法院应予支持。

第十八条 因第三人的过错污染环境、破坏生态造成他人损害，被侵权人请求侵权人或者第三人承担责任的，人民法院应予支持。

侵权人以损害是由第三人过错造成的为由，主张不承担责任或者减轻责任的，人民法院不予支持。

第十九条 因第三人的过错污染环境、破坏生态造成他人损害，被侵权人同时起诉侵权人和第三人承担责任，侵权人对损害的发生没有过错的，人民法院应当判令侵权人、第三人就全部损害承担责任。侵权人承担责任后有权向第三人追偿。

侵权人对损害的发生有过错的，人民法院应当判令侵权人就全部损害承担责任，第三人承担与其过错相适应的责任。侵权人承担责任后有权就第三人应当承担的责任份额向其追偿。

第二十条 被侵权人起诉第三人承担责任的，人民法院应当向被侵权人释明是否同时起诉侵权人。被侵权人不起诉侵权人的，人民法院应当根据民事诉讼法第五十九的规定通知侵权人参加诉讼。

被侵权人仅请求第三人承担责任，侵权人对损害的发生也有过错的，人民法院应当判令第三人承担与其过错相适应的责任。

第二十一条 环境影响评价机构、环境监测机构以及从事环境监测设备和防治污染设施维护、运营的机构存在下列情形之一，被

侵权人请求其与造成环境污染、生态破坏的其他责任人根据环境保护法第六十五条的规定承担连带责任的,人民法院应予支持:

(一)故意出具失实评价文件的;

(二)隐瞒委托人超过污染物排放标准或者超过重点污染物排放总量控制指标的事实的;

(三)故意不运行或者不正常运行环境监测设备或者防治污染设施的;

(四)其他根据法律规定应当承担连带责任的情形。

第二十二条 被侵权人请求侵权人赔偿因污染环境、破坏生态造成的人身、财产损害,以及为防止损害发生和扩大而采取必要措施所支出的合理费用的,人民法院应予支持。

被侵权人同时请求侵权人根据民法典第一千二百三十五条的规定承担生态环境损害赔偿责任的,人民法院不予支持。

第二十三条 因污染环境、破坏生态影响他人取水、捕捞、狩猎、采集等日常生活并造成经济损失,同时符合下列情形,请求人主张行为人承担责任的,人民法院应予支持:

(一)请求人的活动位于或者接近生态环境受损区域;

(二)请求人的活动依赖受损害生态环境;

(三)请求人的活动不具有可替代性或者替代成本过高;

(四)请求人的活动具有稳定性和公开性。

根据国家规定须经相关行政主管部门许可的活动,请求人在污染环境、破坏生态发生时未取得许可的,人民法院对其请求不予支持。

第二十四条 两个以上侵权人就污染环境、破坏生态造成的损害承担连带责任,实际承担责任超过自己责任份额的侵权人根据民法典第一百七十八条的规定向其他侵权人追偿的,人民法院应予支持。侵权人就惩罚性赔偿责任向其他侵权人追偿的,人民法院不予支持。

第二十五条 两个以上侵权人污染环境、破坏生态造成他人损害,人民法院应当根据行为有无许可,污染物的种类、浓度、排放量、危害性,破坏生态的方式、范围、程度,以及行为对损害后果所起的作用等因素确定各侵权人的责任份额。

两个以上侵权人污染环境、破坏生态承担连带责任,实际承担责任的侵权人向其他侵权人追偿的,依照前款规定处理。

第二十六条 被侵权人对同一污染环境、破坏生态行为造成损害的发生或者扩大有重大过失,侵权人请求减轻责任的,人民法院可以予以支持。

第二十七条 被侵权人请求侵权人承担生态环境侵权责任的诉讼时效期间,以被侵权人知道或者应当知道权利受到损害以及侵权人、其他责任人之日起计算。

被侵权人知道或者应当知道权利受到损害以及侵权人、其他责任人之日,侵权行为仍持续的,诉讼时效期间自行为结束之日起计算。

第二十八条 被侵权人以向负有环境资源监管职能的行政机关请求处理因污染环境、破坏生态造成的损害为由,主张诉讼时效中断的,人民法院应予支持。

第二十九条 本解释自2023年9月1日起施行。

本解释公布施行后,《最高人民法院关于审理环境侵权责任纠纷案件适用法律若干问题的解释》(法释〔2015〕12号)同时废止。

最高人民法院关于审理人身损害赔偿案件适用法律若干问题的解释

[2003年12月4日最高人民法院审判委员会第1299次会议通过、2003年12月26日公布、自2004年5月1日起施行（法释〔2003〕20号） 根据2020年12月23日最高人民法院审判委员会第1823次会议通过、2020年12月29日公布的《最高人民法院关于修改〈最高人民法院关于在民事审判工作中适用《中华人民共和国工会法》若干问题的解释〉等二十七件民事类司法解释的决定》（法释〔2020〕17号）第一次修正 根据2022年2月15日最高人民法院审判委员会第1864次会议通过、2022年4月24日公布的《最高人民法院关于修改〈最高人民法院关于审理人身损害赔偿案件适用法律若干问题的解释〉的决定》（法释〔2022〕14号）第二次修正]

为正确审理人身损害赔偿案件，依法保护当事人的合法权益，根据《中华人民共和国民法典》《中华人民共和国民事诉讼法》等有关法律规定，结合审判实践，制定本解释。

第一条 因生命、身体、健康遭受侵害，赔偿权利人起诉请求赔偿义务人赔偿物质损害和精神损害的，人民法院应予受理。

本条所称"赔偿权利人"，是指因侵权行为或者其他致害原因直接遭受人身损害的受害人以及死亡受害人的近亲属。

本条所称"赔偿义务人"，是指因自己或者他人的侵权行为以及其他致害原因依法应当承担民事责任的自然人、法人或者非法人组织。

第二条 赔偿权利人起诉部分共同侵权人的,人民法院应当追加其他共同侵权人作为共同被告。赔偿权利人在诉讼中放弃对部分共同侵权人的诉讼请求的,其他共同侵权人对被放弃诉讼请求的被告应当承担的赔偿份额不承担连带责任。责任范围难以确定的,推定各共同侵权人承担同等责任。

人民法院应当将放弃诉讼请求的法律后果告知赔偿权利人,并将放弃诉讼请求的情况在法律文书中叙明。

第三条 依法应当参加工伤保险统筹的用人单位的劳动者,因工伤事故遭受人身损害,劳动者或者其近亲属向人民法院起诉请求用人单位承担民事赔偿责任的,告知其按《工伤保险条例》的规定处理。

因用人单位以外的第三人侵权造成劳动者人身损害,赔偿权利人请求第三人承担民事赔偿责任的,人民法院应予支持。

第四条 无偿提供劳务的帮工人,在从事帮工活动中致人损害的,被帮工人应当承担赔偿责任。被帮工人承担赔偿责任后向有故意或者重大过失的帮工人追偿的,人民法院应予支持。被帮工人明确拒绝帮工的,不承担赔偿责任。

第五条 无偿提供劳务的帮工人因帮工活动遭受人身损害的,根据帮工人和被帮工人各自的过错承担相应的责任;被帮工人明确拒绝帮工的,被帮工人不承担赔偿责任,但可以在受益范围内予以适当补偿。

帮工人在帮工活动中因第三人的行为遭受人身损害的,有权请求第三人承担赔偿责任,也有权请求被帮工人予以适当补偿。被帮工人补偿后,可以向第三人追偿。

第六条 医疗费根据医疗机构出具的医药费、住院费等收款凭证，结合病历和诊断证明等相关证据确定。赔偿义务人对治疗的必要性和合理性有异议的，应当承担相应的举证责任。

医疗费的赔偿数额，按照一审法庭辩论终结前实际发生的数额确定。器官功能恢复训练所必要的康复费、适当的整容费以及其他后续治疗费，赔偿权利人可以待实际发生后另行起诉。但根据医疗证明或者鉴定结论确定必然发生的费用，可以与已经发生的医疗费一并予以赔偿。

第七条 误工费根据受害人的误工时间和收入状况确定。

误工时间根据受害人接受治疗的医疗机构出具的证明确定。受害人因伤致残持续误工的，误工时间可以计算至定残日前一天。

受害人有固定收入的，误工费按照实际减少的收入计算。受害人无固定收入的，按照其最近三年的平均收入计算；受害人不能举证证明其最近三年的平均收入状况的，可以参照受诉法院所在地相同或者相近行业上一年度职工的平均工资计算。

第八条 护理费根据护理人员的收入状况和护理人数、护理期限确定。

护理人员有收入的，参照误工费的规定计算；护理人员没有收入或者雇佣护工的，参照当地护工从事同等级别护理的劳务报酬标准计算。护理人员原则上为一人，但医疗机构或者鉴定机构有明确意见的，可以参照确定护理人员人数。

护理期限应计算至受害人恢复生活自理能力时止。受害人因残疾不能恢复生活自理能力的，可以根据其年龄、健康状况等因素确定合理的护理期限，但最长不超过二十年。

受害人定残后的护理，应当根据其护理依赖程度并结合配制残疾辅助器具的情况确定护理级别。

第九条 交通费根据受害人及其必要的陪护人员因就医或者转院治疗实际发生的费用计算。交通费应当以正式票据为凭;有关凭据应当与就医地点、时间、人数、次数相符合。

第十条 住院伙食补助费可以参照当地国家机关一般工作人员的出差伙食补助标准予以确定。

受害人确有必要到外地治疗,因客观原因不能住院,受害人本人及其陪护人员实际发生的住宿费和伙食费,其合理部分应予赔偿。

第十一条 营养费根据受害人伤残情况参照医疗机构的意见确定。

第十二条 残疾赔偿金根据受害人丧失劳动能力程度或者伤残等级,按照受诉法院所在地上一年度城镇居民人均可支配收入标准,自定残之日起按二十年计算。但六十周岁以上的,年龄每增加一岁减少一年;七十五周岁以上的,按五年计算。

受害人因伤致残但实际收入没有减少,或者伤残等级较轻但造成职业妨害严重影响其劳动就业的,可以对残疾赔偿金作相应调整。

第十三条 残疾辅助器具费按照普通适用器具的合理费用标准计算。伤情有特殊需要的,可以参照辅助器具配制机构的意见确定相应的合理费用标准。

辅助器具的更换周期和赔偿期限参照配制机构的意见确定。

第十四条 丧葬费按照受诉法院所在地上一年度职工月平均工资标准,以六个月总额计算。

第十五条 死亡赔偿金按照受诉法院所在地上一年度城镇居民人均可支配收入标准,按二十年计算。但六十周岁以上的,年龄每增加一岁减少一年;七十五周岁以上的,按五年计算。

第十六条 被扶养人生活费计入残疾赔偿金或者死亡赔偿金。

第十七条 被扶养人生活费根据扶养人丧失劳动能力程度,按照受诉法院所在地上一年度城镇居民人均消费支出标准计算。被扶养人为未成年人的，计算至十八周岁；被扶养人无劳动能力又无其他生活来源的，计算二十年。但六十周岁以上的，年龄每增加一岁减少一年；七十五周岁以上的，按五年计算。

被扶养人是指受害人依法应当承担扶养义务的未成年人或者丧失劳动能力又无其他生活来源的成年近亲属。被扶养人还有其他扶养人的，赔偿义务人只赔偿受害人依法应当负担的部分。被扶养人有数人的，年赔偿总额累计不超过上一年度城镇居民人均消费支出额。

第十八条 赔偿权利人举证证明其住所地或者经常居住地城镇居民人均可支配收入高于受诉法院所在地标准的，残疾赔偿金或者死亡赔偿金可以按照其住所地或者经常居住地的相关标准计算。

被扶养人生活费的相关计算标准，依照前款原则确定。

第十九条 超过确定的护理期限、辅助器具费给付年限或者残疾赔偿金给付年限，赔偿权利人向人民法院起诉请求继续给付护理费、辅助器具费或者残疾赔偿金的，人民法院应予受理。赔偿权利人确需继续护理、配制辅助器具，或者没有劳动能力和生活来源的，人民法院应当判令赔偿义务人继续给付相关费用五至十年。

第二十条 赔偿义务人请求以定期金方式给付残疾赔偿金、辅助器具费的，应当提供相应的担保。人民法院可以根据赔偿义务人的给付能力和提供担保的情况，确定以定期金方式给付相关费用。但是，一审法庭辩论终结前已经发生的费用、死亡赔偿金以及精神损害抚慰金，应当一次性给付。

第二十一条 人民法院应当在法律文书中明确定期金的给付时间、方式以及每期给付标准。执行期间有关统计数据发生变化的，给付金额应当适时进行相应调整。

定期金按照赔偿权利人的实际生存年限给付，不受本解释有关赔偿期限的限制。

第二十二条 本解释所称"城镇居民人均可支配收入""城镇居民人均消费支出""职工平均工资",按照政府统计部门公布的各省、自治区、直辖市以及经济特区和计划单列市上一年度相关统计数据确定。

"上一年度",是指一审法庭辩论终结时的上一统计年度。

第二十三条 精神损害抚慰金适用《最高人民法院关于确定民事侵权精神损害赔偿责任若干问题的解释》予以确定。

第二十四条 本解释自2022年5月1日起施行。施行后发生的侵权行为引起的人身损害赔偿案件适用本解释。

本院以前发布的司法解释与本解释不一致的,以本解释为准。

最高人民法院关于确定民事侵权精神损害赔偿责任若干问题的解释

[2001年2月26日最高人民法院审判委员会第1161次会议通过、2001年3月8日公布、自2001年3月10日起施行(法释〔2001〕7号) 根据2020年12月23日最高人民法院审判委员会第1823次会议通过、2020年12月29日公布的《最高人民法院关于修改〈最高人民法院关于在民事审判工作中适用《中华人民共和国工会法》若干问题的解释〉等二十七件民事类司法解释的决定》(法释〔2020〕17号)修正]

为在审理民事侵权案件中正确确定精神损害赔偿责任,根据

《中华人民共和国民法典》等有关法律规定，结合审判实践，制定本解释。

第一条　因人身权益或者具有人身意义的特定物受到侵害，自然人或者其近亲属向人民法院提起诉讼请求精神损害赔偿的，人民法院应当依法予以受理。

第二条　非法使被监护人脱离监护，导致亲子关系或者近亲属间的亲属关系遭受严重损害，监护人向人民法院起诉请求赔偿精神损害的，人民法院应当依法予以受理。

第三条　死者的姓名、肖像、名誉、荣誉、隐私、遗体、遗骨等受到侵害，其近亲属向人民法院提起诉讼请求精神损害赔偿的，人民法院应当依法予以支持。

第四条　法人或者非法人组织以名誉权、荣誉权、名称权遭受侵害为由，向人民法院起诉请求精神损害赔偿的，人民法院不予支持。

第五条　精神损害的赔偿数额根据以下因素确定：

（一）侵权人的过错程度，但是法律另有规定的除外；

（二）侵权行为的目的、方式、场合等具体情节；

（三）侵权行为所造成的后果；

（四）侵权人的获利情况；

（五）侵权人承担责任的经济能力；

（六）受理诉讼法院所在地的平均生活水平。

第六条　在本解释公布施行之前已经生效施行的司法解释，其内容有与本解释不一致的，以本解释为准。

最高人民法院关于审理医疗损害责任纠纷案件适用法律若干问题的解释

[2017年3月27日最高人民法院审判委员会第1713次会议通过、2017年12月13日公布、自2017年12月14日起施行（法释〔2017〕20号）　根据2020年12月23日最高人民法院审判委员会第1823次会议通过、2020年12月29日公布的《最高人民法院关于修改〈最高人民法院关于在民事审判工作中适用《中华人民共和国工会法》若干问题的解释〉等二十七件民事类司法解释的决定》（法释〔2020〕17号）修正]

为正确审理医疗损害责任纠纷案件，依法维护当事人的合法权益，推动构建和谐医患关系，促进卫生健康事业发展，根据《中华人民共和国民法典》《中华人民共和国民事诉讼法》等法律规定，结合审判实践，制定本解释。

第一条　患者以在诊疗活动中受到人身或者财产损害为由请求医疗机构，医疗产品的生产者、销售者、药品上市许可持有人或者血液提供机构承担侵权责任的案件，适用本解释。

患者以在美容医疗机构或者开设医疗美容科室的医疗机构实施的医疗美容活动中受到人身或者财产损害为由提起的侵权纠纷案件，适用本解释。

当事人提起的医疗服务合同纠纷案件，不适用本解释。

第二条　患者因同一伤病在多个医疗机构接受诊疗受到损害，

起诉部分或者全部就诊的医疗机构的,应予受理。

患者起诉部分就诊的医疗机构后,当事人依法申请追加其他就诊的医疗机构为共同被告或者第三人的,应予准许。必要时,人民法院可以依法追加相关当事人参加诉讼。

第三条 患者因缺陷医疗产品受到损害,起诉部分或者全部医疗产品的生产者、销售者、药品上市许可持有人和医疗机构的,应予受理。

患者仅起诉医疗产品的生产者、销售者、药品上市许可持有人、医疗机构中部分主体,当事人依法申请追加其他主体为共同被告或者第三人的,应予准许。必要时,人民法院可以依法追加相关当事人参加诉讼。

患者因输入不合格的血液受到损害提起侵权诉讼的,参照适用前两款规定。

第四条 患者依据民法典第一千二百一十八条规定主张医疗机构承担赔偿责任的,应当提交到该医疗机构就诊、受到损害的证据。

患者无法提交医疗机构或者其医务人员有过错、诊疗行为与损害之间具有因果关系的证据,依法提出医疗损害鉴定申请的,人民法院应予准许。

医疗机构主张不承担责任的,应当就民法典第一千二百二十四条第一款规定情形等抗辩事由承担举证证明责任。

第五条 患者依据民法典第一千二百一十九条规定主张医疗机构承担赔偿责任的,应当按照前条第一款规定提交证据。

实施手术、特殊检查、特殊治疗的,医疗机构应当承担说明义务并取得患者或者患者近亲属明确同意,但属于民法典第一千二百二十条规定情形的除外。医疗机构提交患者或者患者近亲属明确同意证据的,人民法院可以认定医疗机构尽到说明义务,但患者有相反证据足以反驳的除外。

第六条 民法典第一千二百二十二条规定的病历资料包括医疗机构保管的门诊病历、住院志、体温单、医嘱单、检验报告、医学影像检查资料、特殊检查（治疗）同意书、手术同意书、手术及麻醉记录、病理资料、护理记录、出院记录以及国务院卫生行政主管部门规定的其他病历资料。

患者依法向人民法院申请医疗机构提交由其保管的与纠纷有关的病历资料等，医疗机构未在人民法院指定期限内提交的，人民法院可以依照民法典第一千二百二十二条第二项规定推定医疗机构有过错，但是因不可抗力等客观原因无法提交的除外。

第七条 患者依据民法典第一千二百二十三条规定请求赔偿的，应当提交使用医疗产品或者输入血液、受到损害的证据。

患者无法提交使用医疗产品或者输入血液与损害之间具有因果关系的证据，依法申请鉴定的，人民法院应予准许。

医疗机构，医疗产品的生产者、销售者、药品上市许可持有人或者血液提供机构主张不承担责任的，应当对医疗产品不存在缺陷或者血液合格等抗辩事由承担举证证明责任。

第八条 当事人依法申请对医疗损害责任纠纷中的专门性问题进行鉴定的，人民法院应予准许。

当事人未申请鉴定，人民法院对前款规定的专门性问题认为需要鉴定的，应当依职权委托鉴定。

第九条 当事人申请医疗损害鉴定的，由双方当事人协商确定鉴定人。

当事人就鉴定人无法达成一致意见，人民法院提出确定鉴定人的方法，当事人同意的，按照该方法确定；当事人不同意的，由人民法院指定。

鉴定人应当从具备相应鉴定能力、符合鉴定要求的专家中确定。

第十条 委托医疗损害鉴定的，当事人应当按照要求提交真实、完整、充分的鉴定材料。提交的鉴定材料不符合要求的，人民法院应当通知当事人更换或者补充相应材料。

在委托鉴定前，人民法院应当组织当事人对鉴定材料进行质证。

第十一条 委托鉴定书，应当有明确的鉴定事项和鉴定要求。鉴定人应当按照委托鉴定的事项和要求进行鉴定。

下列专门性问题可以作为申请医疗损害鉴定的事项：

（一）实施诊疗行为有无过错；

（二）诊疗行为与损害后果之间是否存在因果关系以及原因力大小；

（三）医疗机构是否尽到了说明义务、取得患者或者患者近亲属明确同意的义务；

（四）医疗产品是否有缺陷、该缺陷与损害后果之间是否存在因果关系以及原因力的大小；

（五）患者损伤残疾程度；

（六）患者的护理期、休息期、营养期；

（七）其他专门性问题。

鉴定要求包括鉴定人的资质、鉴定人的组成、鉴定程序、鉴定意见、鉴定期限等。

第十二条 鉴定意见可以按照导致患者损害的全部原因、主要原因、同等原因、次要原因、轻微原因或者与患者损害无因果关系，表述诊疗行为或者医疗产品等造成患者损害的原因力大小。

第十三条 鉴定意见应当经当事人质证。

当事人申请鉴定人出庭作证，经人民法院审查同意，或者人民法院认为鉴定人有必要出庭的，应当通知鉴定人出庭作证。双方当事人同意鉴定人通过书面说明、视听传输技术或者视听资料等方式作证的，可以准许。

鉴定人因健康原因、自然灾害等不可抗力或者其他正当理由不能按期出庭的，可以延期开庭；经人民法院许可，也可以通过书面说明、视听传输技术或者视听资料等方式作证。

无前款规定理由，鉴定人拒绝出庭作证，当事人对鉴定意见又不认可的，对该鉴定意见不予采信。

第十四条 当事人申请通知一至二名具有医学专门知识的人出庭，对鉴定意见或者案件的其他专门性事实问题提出意见，人民法院准许的，应当通知具有医学专门知识的人出庭。

前款规定的具有医学专门知识的人提出的意见，视为当事人的陈述，经质证可以作为认定案件事实的根据。

第十五条 当事人自行委托鉴定人作出的医疗损害鉴定意见，其他当事人认可的，可予采信。

当事人共同委托鉴定人作出的医疗损害鉴定意见，一方当事人不认可的，应当提出明确的异议内容和理由。经审查，有证据足以证明异议成立的，对鉴定意见不予采信；异议不成立的，应予采信。

第十六条 对医疗机构或者其医务人员的过错，应当依据法律、行政法规、规章以及其他有关诊疗规范进行认定，可以综合考虑患者病情的紧急程度、患者个体差异、当地的医疗水平、医疗机构与医务人员资质等因素。

第十七条 医务人员违反民法典第一千二百一十九条第一款规定义务，但未造成患者人身损害，患者请求医疗机构承担损害赔偿责任的，不予支持。

第十八条 因抢救生命垂危的患者等紧急情况且不能取得患者意见时，下列情形可以认定为民法典第一千二百二十条规定的不能取得患者近亲属意见：

（一）近亲属不明的；

（二）不能及时联系到近亲属的；

（三）近亲属拒绝发表意见的；

（四）近亲属达不成一致意见的；

（五）法律、法规规定的其他情形。

前款情形，医务人员经医疗机构负责人或者授权的负责人批准立即实施相应医疗措施，患者因此请求医疗机构承担赔偿责任的，不予支持；医疗机构及其医务人员怠于实施相应医疗措施造成损害，患者请求医疗机构承担赔偿责任的，应予支持。

第十九条 两个以上医疗机构的诊疗行为造成患者同一损害，患者请求医疗机构承担赔偿责任的，应当区分不同情况，依照民法典第一千一百六十八条、第一千一百七十一条或者第一千一百七十二条的规定，确定各医疗机构承担的赔偿责任。

第二十条 医疗机构邀请本单位以外的医务人员对患者进行诊疗，因受邀医务人员的过错造成患者损害的，由邀请医疗机构承担赔偿责任。

第二十一条 因医疗产品的缺陷或者输入不合格血液受到损害，患者请求医疗机构，缺陷医疗产品的生产者、销售者、药品上市许可持有人或者血液提供机构承担赔偿责任的，应予支持。

医疗机构承担赔偿责任后，向缺陷医疗产品的生产者、销售者、药品上市许可持有人或者血液提供机构追偿的，应予支持。

因医疗机构的过错使医疗产品存在缺陷或者血液不合格，医疗产品的生产者、销售者、药品上市许可持有人或者血液提供机构承担赔偿责任后，向医疗机构追偿的，应予支持。

第二十二条 缺陷医疗产品与医疗机构的过错诊疗行为共同造

成患者同一损害，患者请求医疗机构与医疗产品的生产者、销售者、药品上市许可持有人承担连带责任的，应予支持。

医疗机构或者医疗产品的生产者、销售者、药品上市许可持有人承担赔偿责任后，向其他责任主体追偿的，应当根据诊疗行为与缺陷医疗产品造成患者损害的原因力大小确定相应的数额。

输入不合格血液与医疗机构的过错诊疗行为共同造成患者同一损害的，参照适用前两款规定。

第二十三条 医疗产品的生产者、销售者、药品上市许可持有人明知医疗产品存在缺陷仍然生产、销售，造成患者死亡或者健康严重损害，被侵权人请求生产者、销售者、药品上市许可持有人赔偿损失及二倍以下惩罚性赔偿的，人民法院应予支持。

第二十四条 被侵权人同时起诉两个以上医疗机构承担赔偿责任，人民法院经审理，受诉法院所在地的医疗机构依法不承担赔偿责任，其他医疗机构承担赔偿责任的，残疾赔偿金、死亡赔偿金的计算，按下列情形分别处理：

（一）一个医疗机构承担责任的，按照该医疗机构所在地的赔偿标准执行；

（二）两个以上医疗机构均承担责任的，可以按照其中赔偿标准较高的医疗机构所在地标准执行。

第二十五条 患者死亡后，其近亲属请求医疗损害赔偿的，适用本解释；支付患者医疗费、丧葬费等合理费用的人请求赔偿该费用的，适用本解释。

本解释所称的"医疗产品"包括药品、消毒产品、医疗器械等。

第二十六条 本院以前发布的司法解释与本解释不一致的，以本解释为准。

本解释施行后尚未终审的案件，适用本解释；本解释施行前已经终审，当事人申请再审或者按照审判监督程序决定再审的案件，不适用本解释。

最高人民法院关于审理道路交通事故损害赔偿案件适用法律若干问题的解释

〔2012年9月17日最高人民法院审判委员会第1556次会议通过、2012年11月27日公布、自2012年12月21日起施行（法释〔2012〕19号）　根据2020年12月23日最高人民法院审判委员会第1823次会议通过、2020年12月29日公布的《最高人民法院关于修改〈最高人民法院关于在民事审判工作中适用《中华人民共和国工会法》若干问题的解释〉等二十七件民事类司法解释的决定》（法释〔2020〕17号）修正〕

为正确审理道路交通事故损害赔偿案件，根据《中华人民共和国民法典》《中华人民共和国道路交通安全法》《中华人民共和国保险法》《中华人民共和国民事诉讼法》等法律的规定，结合审判实践，制定本解释。

一、关于主体责任的认定

第一条　机动车发生交通事故造成损害，机动车所有人或者管理人有下列情形之一，人民法院应当认定其对损害的发生有过错，并适用民法典第一千二百零九条的规定确定其相应的赔偿责任：

（一）知道或者应当知道机动车存在缺陷，且该缺陷是交通事故

发生原因之一的;

(二) 知道或者应当知道驾驶人无驾驶资格或者未取得相应驾驶资格的;

(三) 知道或者应当知道驾驶人因饮酒、服用国家管制的精神药品或者麻醉药品,或者患有妨碍安全驾驶机动车的疾病等依法不能驾驶机动车的;

(四) 其他应当认定机动车所有人或者管理人有过错的。

第二条 被多次转让但是未办理登记的机动车发生交通事故造成损害,属于该机动车一方责任,当事人请求由最后一次转让并交付的受让人承担赔偿责任的,人民法院应予支持。

第三条 套牌机动车发生交通事故造成损害,属于该机动车一方责任,当事人请求由套牌机动车的所有人或者管理人承担赔偿责任的,人民法院应予支持;被套牌机动车所有人或者管理人同意套牌的,应当与套牌机动车的所有人或者管理人承担连带责任。

第四条 拼装车、已达到报废标准的机动车或者依法禁止行驶的其他机动车被多次转让,并发生交通事故造成损害,当事人请求由所有的转让人和受让人承担连带责任的,人民法院应予支持。

第五条 接受机动车驾驶培训的人员,在培训活动中驾驶机动车发生交通事故造成损害,属于该机动车一方责任,当事人请求驾驶培训单位承担赔偿责任的,人民法院应予支持。

第六条 机动车试乘过程中发生交通事故造成试乘人损害,当事人请求提供试乘服务者承担赔偿责任的,人民法院应予支持。试乘人有过错的,应当减轻提供试乘服务者的赔偿责任。

第七条 因道路管理维护缺陷导致机动车发生交通事故造成损害,当事人请求道路管理者承担相应赔偿责任的,人民法院应予支持。但道路管理者能够证明已经依照法律、法规、规章的规定,或者按照国家标准、行业标准、地方标准的要求尽到安全防护、警示等管理维护义务的除外。

依法不得进入高速公路的车辆、行人，进入高速公路发生交通事故造成自身损害，当事人请求高速公路管理者承担赔偿责任的，适用民法典第一千二百四十三条的规定。

第八条 未按照法律、法规、规章或者国家标准、行业标准、地方标准的强制性规定设计、施工，致使道路存在缺陷并造成交通事故，当事人请求建设单位与施工单位承担相应赔偿责任的，人民法院应予支持。

第九条 机动车存在产品缺陷导致交通事故造成损害，当事人请求生产者或者销售者依照民法典第七编第四章的规定承担赔偿责任的，人民法院应予支持。

第十条 多辆机动车发生交通事故造成第三人损害，当事人请求多个侵权人承担赔偿责任的，人民法院应当区分不同情况，依照民法典第一千一百七十条、第一千一百七十一条、第一千一百七十二条的规定，确定侵权人承担连带责任或者按份责任。

二、关于赔偿范围的认定

第十一条 道路交通安全法第七十六条规定的"人身伤亡"，是指机动车发生交通事故侵害被侵权人的生命权、身体权、健康权等人身权益所造成的损害，包括民法典第一千一百七十九条和第一千一百八十三条规定的各项损害。

道路交通安全法第七十六条规定的"财产损失"，是指因机动车发生交通事故侵害被侵权人的财产权益所造成的损失。

第十二条 因道路交通事故造成下列财产损失，当事人请求侵权人赔偿的，人民法院应予支持：

（一）维修被损坏车辆所支出的费用、车辆所载物品的损失、车辆施救费用；

（二）因车辆灭失或者无法修复，为购买交通事故发生时与被损坏车辆价值相当的车辆重置费用；

（三）依法从事货物运输、旅客运输等经营性活动的车辆，因无法从事相应经营活动所产生的合理停运损失；

（四）非经营性车辆因无法继续使用，所产生的通常替代性交通工具的合理费用。

三、关于责任承担的认定

第十三条　同时投保机动车第三者责任强制保险（以下简称交强险）和第三者责任商业保险（以下简称商业三者险）的机动车发生交通事故造成损害，当事人同时起诉侵权人和保险公司的，人民法院应当依照民法典第一千二百一十三条的规定，确定赔偿责任。

被侵权人或者其近亲属请求承保交强险的保险公司优先赔偿精神损害的，人民法院应予支持。

第十四条　投保人允许的驾驶人驾驶机动车致使投保人遭受损害，当事人请求承保交强险的保险公司在责任限额范围内予以赔偿的，人民法院应予支持，但投保人为本车上人员的除外。

第十五条　有下列情形之一导致第三人人身损害，当事人请求保险公司在交强险责任限额范围内予以赔偿，人民法院应予支持：

（一）驾驶人未取得驾驶资格或者未取得相应驾驶资格的；

（二）醉酒、服用国家管制的精神药品或者麻醉药品后驾驶机动车发生交通事故的；

（三）驾驶人故意制造交通事故的。

保险公司在赔偿范围内向侵权人主张追偿权的，人民法院应予支持。追偿权的诉讼时效期间自保险公司实际赔偿之日起计算。

第十六条 未依法投保交强险的机动车发生交通事故造成损害，当事人请求投保义务人在交强险责任限额范围内予以赔偿的，人民法院应予支持。

投保义务人和侵权人不是同一人，当事人请求投保义务人和侵权人在交强险责任限额范围内承担相应责任的，人民法院应予支持。

第十七条 具有从事交强险业务资格的保险公司违法拒绝承保、拖延承保或者违法解除交强险合同，投保义务人在向第三人承担赔偿责任后，请求该保险公司在交强险责任限额范围内承担相应赔偿责任的，人民法院应予支持。

第十八条 多辆机动车发生交通事故造成第三人损害，损失超出各机动车交强险责任限额之和的，由各保险公司在各自责任限额范围内承担赔偿责任；损失未超出各机动车交强险责任限额之和，当事人请求由各保险公司按照其责任限额与责任限额之和的比例承担赔偿责任的，人民法院应予支持。

依法分别投保交强险的牵引车和挂车连接使用时发生交通事故造成第三人损害，当事人请求由各保险公司在各自的责任限额范围内平均赔偿的，人民法院应予支持。

多辆机动车发生交通事故造成第三人损害，其中部分机动车未投保交强险，当事人请求先由已承保交强险的保险公司在责任限额范围内予以赔偿的，人民法院应予支持。保险公司就超出其应承担的部分向未投保交强险的投保义务人或者侵权人行使追偿权的，人民法院应予支持。

第十九条 同一交通事故的多个被侵权人同时起诉的，人民法院应当按照各被侵权人的损失比例确定交强险的赔偿数额。

第二十条 机动车所有权在交强险合同有效期内发生变动，保险公司在交通事故发生后,以该机动车未办理交强险合同变更手续为由主张免除赔偿责任的,人民法院不予支持。

机动车在交强险合同有效期内发生改装、使用性质改变等导致危险程度增加的情形,发生交通事故后,当事人请求保险公司在责任限额范围内予以赔偿的,人民法院应予支持。

前款情形下,保险公司另行起诉请求投保义务人按照重新核定后的保险费标准补足当期保险费的,人民法院应予支持。

第二十一条 当事人主张交强险人身伤亡保险金请求权转让或者设定担保的行为无效的,人民法院应予支持。

四、关于诉讼程序的规定

第二十二条 人民法院审理道路交通事故损害赔偿案件,应当将承保交强险的保险公司列为共同被告。但该保险公司已经在交强险责任限额范围内予以赔偿且当事人无异议的除外。

人民法院审理道路交通事故损害赔偿案件,当事人请求将承保商业三者险的保险公司列为共同被告的,人民法院应予准许。

第二十三条 被侵权人因道路交通事故死亡,无近亲属或者近亲属不明,未经法律授权的机关或者有关组织向人民法院起诉主张死亡赔偿金的,人民法院不予受理。

侵权人以已向未经法律授权的机关或者有关组织支付死亡赔偿金为理由,请求保险公司在交强险责任限额范围内予以赔偿的,人民法院不予支持。

被侵权人因道路交通事故死亡,无近亲属或者近亲属不明,支付被侵权人医疗费、丧葬费等合理费用的单位或者个人,请求保险公司在交强险责任限额范围内予以赔偿的,人民法院应予支持。

第二十四条 公安机关交通管理部门制作的交通事故认定书,

人民法院应依法审查并确认其相应的证明力，但有相反证据推翻的除外。

五、关于适用范围的规定

第二十五条 机动车在道路以外的地方通行时引发的损害赔偿案件，可以参照适用本解释的规定。

第二十六条 本解释施行后尚未终审的案件，适用本解释；本解释施行前已经终审，当事人申请再审或者按照审判监督程序决定再审的案件，不适用本解释。

最高人民法院关于审理食品安全民事纠纷案件适用法律若干问题的解释（一）

（2020年10月19日最高人民法院审判委员会第1813次会议通过　2020年12月8日公布　法释〔2020〕14号　自2021年1月1日起施行）

为正确审理食品安全民事纠纷案件，保障公众身体健康和生命安全，根据《中华人民共和国民法典》《中华人民共和国食品安全法》《中华人民共和国消费者权益保护法》《中华人民共和国民事诉讼法》等法律的规定，结合民事审判实践，制定本解释。

第一条 消费者因不符合食品安全标准的食品受到损害，依据食品安全法第一百四十八条第一款规定诉请食品生产者或者经营者赔偿损失，被诉的生产者或者经营者以赔偿责任应由生产经营者中的另一方承担为由主张免责的，人民法院不予支持。属于生产者责任的，经营者赔偿后有权向生产者追偿；属于经营者责任的，生产者赔偿后有权向经营者追偿。

第二条 电子商务平台经营者以标记自营业务方式所销售的食品或者虽未标记自营但实际开展自营业务所销售的食品不符合食品安全标准，消费者依据食品安全法第一百四十八条规定主张电子商务平台经营者承担作为食品经营者的赔偿责任的，人民法院应予支持。

电子商务平台经营者虽非实际开展自营业务，但其所作标识等足以误导消费者让消费者相信系电子商务平台经营者自营，消费者依据食品安全法第一百四十八条规定主张电子商务平台经营者承担作为食品经营者的赔偿责任的，人民法院应予支持。

第三条 电子商务平台经营者违反食品安全法第六十二条和第一百三十一条规定，未对平台内食品经营者进行实名登记、审查许可证，或者未履行报告、停止提供网络交易平台服务等义务，使消费者的合法权益受到损害，消费者主张电子商务平台经营者与平台内食品经营者承担连带责任的，人民法院应予支持。

第四条 公共交通运输的承运人向旅客提供的食品不符合食品安全标准，旅客主张承运人依据食品安全法第一百四十八条规定承担作为食品生产者或者经营者的赔偿责任的，人民法院应予支持；承运人以其不是食品的生产经营者或者食品是免费提供为由进行免责抗辩的，人民法院不予支持。

第五条 有关单位或者个人明知食品生产经营者从事食品安全法第一百二十三条第一款规定的违法行为而仍为其提供设备、技术、原料、销售渠道、运输、储存或者其他便利条件，消费者主张该单位或者个人依据食品安全法第一百二十三条第二款的规定与食品生产经营者承担连带责任的，人民法院应予支持。

第六条　食品经营者具有下列情形之一，消费者主张构成食品安全法第一百四十八条规定的"明知"的，人民法院应予支持：

（一）已过食品标明的保质期但仍然销售的；

（二）未能提供所售食品的合法进货来源的；

（三）以明显不合理的低价进货且无合理原因的；

（四）未依法履行进货查验义务的；

（五）虚假标注、更改食品生产日期、批号的；

（六）转移、隐匿、非法销毁食品进销货记录或者故意提供虚假信息的；

（七）其他能够认定为明知的情形。

第七条　消费者认为生产经营者生产经营不符合食品安全标准的食品同时构成欺诈的，有权选择依据食品安全法第一百四十八条第二款或者消费者权益保护法第五十五条第一款规定主张食品生产者或者经营者承担惩罚性赔偿责任。

第八条　经营者经营明知是不符合食品安全标准的食品，但向消费者承诺的赔偿标准高于食品安全法第一百四十八条规定的赔偿标准，消费者主张经营者按照承诺赔偿的，人民法院应当依法予以支持。

第九条　食品符合食品安全标准但未达到生产经营者承诺的质量标准，消费者依照民法典、消费者权益保护法等法律规定主张生产经营者承担责任的，人民法院应予支持，但消费者主张生产经营者依据食品安全法第一百四十八条规定承担赔偿责任的，人民法院不予支持。

第十条　食品不符合食品安全标准，消费者主张生产者或者经营者依据食品安全法第一百四十八条第二款规定承担惩罚性赔偿责任，生产者或者经营者以未造成消费者人身损害为由抗辩的，人民法院不予支持。

第十一条 生产经营未标明生产者名称、地址、成分或者配料表，或者未清晰标明生产日期、保质期的预包装食品，消费者主张生产者或者经营者依据食品安全法第一百四十八条第二款规定承担惩罚性赔偿责任的，人民法院应予支持，但法律、行政法规、食品安全国家标准对标签标注事项另有规定的除外。

第十二条 进口的食品不符合我国食品安全国家标准或者国务院卫生行政部门决定暂予适用的标准，消费者主张销售者、进口商等经营者依据食品安全法第一百四十八条规定承担赔偿责任，销售者、进口商等经营者仅以进口的食品符合出口地食品安全标准或者已经过我国出入境检验检疫机构检验检疫为由进行免责抗辩的，人民法院不予支持。

第十三条 生产经营不符合食品安全标准的食品，侵害众多消费者合法权益，损害社会公共利益，民事诉讼法、消费者权益保护法等法律规定的机关和有关组织依法提起公益诉讼的，人民法院应予受理。

第十四条 本解释自 2021 年 1 月 1 日起施行。

本解释施行后人民法院正在审理的一审、二审案件适用本解释。

本解释施行前已经终审，本解释施行后当事人申请再审或者按照审判监督程序决定再审的案件，不适用本解释。

最高人民法院以前发布的司法解释与本解释不一致的，以本解释为准。